映し出された
アイヌ文化

英国人医師マンローの伝えた映像

国立歴史民俗博物館 監修
内田順子 編

吉川弘文館

目 次

CONTENTS

はじめに

　スコットランド出身の医師ニール・ゴードン・マンロー（Neil Gordon Munro, 1863〜1942）は、1891（明治24）年、横浜に至り、医業を営む傍ら、考古学の研究をおこない、さらに1930年代には活動の拠点を北海道の二風谷に移し、アイヌ文化を研究した。医師であるマンローは、二風谷の人びとが結核などの病に苦しんでいるのを見て、無料で診療をして、地域の人びとから信頼され、尊敬された。マンローは、行きずりの研究者ではなく、二風谷の住人としてそこで暮らし、信頼関係を築きながら研究を進めた。マンローが残した資料は、そうした信頼関係の上に形成されたものである。

　マンローのアイヌ文化研究に関する資料として、国立歴史民俗博物館（以下、歴博とする）は、マンローが撮影した映画と写真資料を所蔵している。

　私が歴博に仕事を得てから、初めてそれらの存在を知ったのは、2004年だった。歴博が所蔵するマンロー撮影のアイヌ民族のクマ送り儀礼（イヨマンテ）に関する35mmフィルムは、劣化すると自然発火することもある可燃性のフィルムだったので、当時、保管・保存に関する対応策が、歴博内で検討されていた。どのような経緯で歴博がこのフィルムを収集したのか、著作権などの問題はどうなっているのか、オリジナルなのかコピーなのかなど、早急に調査し、保存の措置について結論を出す必要があった。

　その調査を担当することになった私は、フィルムの資料批判的な検討のほか、マンローのフィルムがたどった経緯を知っている関係者に会ってインタビューしたり、映画と写真を持って二風谷を訪ね、二風谷のかたがたの協力により、撮影されている人物などについての聞き取り調査を進めた。二風谷での聞き取り調査において、マンローと直接会ったことがあるというかたから、「マンロー先生が撮った写真だったら調査に協力する」と言われたことが強く印象に残っている。マンローと二風谷の人びととの信頼関係は、ずっと継続していることが感じられた。

　フィルムの研究の成果については、すでに歴博研究映像「AINU Past and Present ―マンローのフィルムから見えてくるもの―」（2006）や拙稿（2009）

で述べているので、ここでは、本書の目的に関連のあることとして、以下の点のみ触れておきたい。

　マンローはイヨマンテの映画を字幕入りの16㎜フィルムで完成させてイギリスに送った。ほぼ同じように編集してマンローが手元に置いたと考えられる16㎜フィルムが、北海道大学に現存する。それらと比較することによって、歴博の35㎜フィルムは、編集途上のものであり、マンローが書いた字幕は付随していないものの、オリジナルの撮影ネガから直接作成されたポジフィルムであり、16㎜に比べて極めて画質が優れていることがわかった。

　マンローの字幕入りバージョンの映画の魅力の一つは、マンロー自身による字幕ではないかと考えている。第1章のイントロダクションで述べるように、字幕入りバージョンは、53分の作品のおよそ半分が字幕であり、映画を鑑賞していると、儀式の実写映像が長い字幕によって断片化してしまうような印象を受ける。しかし、字幕をじっくり読んでいくと、アイヌ文化を尊重するマン

ローの研究姿勢を読み取ることができ、マンローの研究成果のひとつとして、字幕部分へのアクセスを、もっと手軽にできるようにする必要性を感じていた。そのような中、歴博のフィルムを4Kスキャンできるチャンスに恵まれ、マンローの字幕と、歴博の状態の良い映像とを組み合わせ、誰でも簡単に手にとって、映画の内容にアクセスできたらいいのではないか、と本書を企画するに至った。それが第1章であり、本書の中心を成している。

さらに歴博は、マンローが二風谷で実施したアイヌ研究の中で撮影した写真のネガ390件を所蔵している。その中から、生活に関わるもの、宗教・呪術に関わるものを選び、2章、3章として配置し、解説を施した。

本書を作る過程で改めて感じられたのは、1930年代の二風谷では、薪炭材やそのほかの用途での木材の切り出しが進み、オヒョウやヤナギなどの入手が難しくなっていた、ということである。明治以降、いれずみなどの禁止、日本語の修得、農業への移行などにより、アイヌ文化は大きく変わりつつあったが、村周辺の自然環境の変化が与えた影響も大きいものではなかっただろうか。マンローのフィルムにおさめられているアイヌの人びとの姿は、1930年代のアイヌの人びとの日常の姿そのものではない、ということは、常に留意する必要がある。マンローの研究のために資料制作をしたり、マンローのカメラの前で、アイヌ文様の入った着物を着て、ポーズをとったりしたのである。

しかしマンローは、アイヌの人びとを見世物にするために映画や写真におさめたのではなかった。マンローは、アイヌの人びとが、「これまで自分たちの価値を証明する機会をまったく持たなかった」（マンロー書簡、1936年2月2日付、イギリス王立人類学協会所蔵）として、アイヌ文化の真価を知らない人たちに、その素晴らしさを知ってほしい、と考えていた。本書を通じて、マンローが伝えたかったアイヌ文化の一端に触れ、そこからさらに、アイヌ文化そのものへと関心を向ける人が増えてくれたら、マンローも喜んでくれるのではないかと思う。

第1章

クマの魂を送る儀式「イヨマンテ」

マンロー撮影「イヨマンテ」
35mmポジフィルム（部分）

ニール・ゴードン・マンローによる映画

『一般に「アイヌのクマ祭り」と呼ばれるカムイ・イヨマンテ、すなわち神送り』

原　題

『The KAMUI IOMANDE or DIVINE DESPATCH commonly called The AINU BEAR FESTIVAL』

1932 年、16mm、53 分、サイレント、字幕入り

「この映画は教育映画としてつくったもので、人類学の専門家ではなくむ
しろ一般の人びとに、儀式の背景にあるアイヌの精神などを伝えるために
私は字幕を書いたのです」

（マンロー書簡、1934 年 4 月 14 日付、英国王立人類学協会所蔵）

　ニール・ゴードン・マンローは、1930（昭和 5）年 12 月 25 日、平取町
二風谷でおこなわれたイヨマンテを映画で撮影した。

　アイヌの人びとは、猟で親のヒグマを仕留めると、残された仔グマを村
に連れて帰り、1〜2 年間、人の手で育て、カムイである仔グマの魂を神
の国に送り帰すために、盛大な儀式を催した。この儀式をイヨマンテとい
う。ヒグマだけでなく、シマフクロウやシャチなどのイヨマンテもある。
アイヌ民族は、カムイがクマという仮の姿で人間の世界にやってきて、肉
と毛皮をみやげとして持ってきてくれたことへのお礼としてイヨマンテを
おこない、再び人間の国を訪れるように願うのだと考えられている。

　マンローはイヨマンテを撮影すると、それを編集して作品をまとめ、
1932 年、16 mmフィルム 5 巻をイギリスの王立人類学協会（Royal Anthro-
pological Institute、以下 RAI とする）に送った。この映画は現在、イギリス
映画協会の映像保存施設 BFI・ナショナル・アーカイヴに保存されている。
この映画と同時期に作成され、マンローが手元に置いていたと考えられる
16mmフィルムが北海道大学に、また、撮影フィルムから作成されたと考え

られる 35 mm ポジフィルムが、歴博に伝えられた。

　この作品にはサウンドトラックがなく、53 分の長さのおよそ半分は解説字幕である。動画はしばしば、長い字幕によって中断され、イギリスに送られた映画を見たチャールズ・セリグマン（1873〜1940、ロンドン大学教授で RAI の会長をつとめた人類学者。長期のフィールドワークと厳密な科学的方法による人類学の基礎を築いたひとり）は、「いくつかの字幕を長すぎると思う」とマンローに感想を書き送ったようだ。マンローはその指摘に「まったくその通り」と同意し、「あなたが長すぎると思う字幕はどれでも切ってください」とセリグマン宛の手紙に書いている（1933 年 12 月 24 日付、RAI 所蔵）。

　字幕が長くなった理由を、マンローのセリグマン宛の手紙から考えてみよう。

　この映画を編集していた頃、マンローはアイヌ文化についての研究テーマを 7 つ掲げ、イヨマンテの研究を第 3 番目に示して、イヨマンテは「特別な神と結びついた祭式」であり、「重要な神々が、みな崇められた客人として招待される」ことから、イヨマンテの研究によって「アイヌの宗教の全景を得る」ことができると考えていた（1931 年 2 月 10 日付、RAI 所蔵）。

　こうした関心からマンローはイヨマンテを研究したが、映画の撮影に強く反対する人物があった。英国聖公会宣教師のジョン・バチェラー（1854〜1944）である。バチェラーは、アイヌの人びとのために教育や医療施設を提供したほか、アイヌ文化の研究でも著名な人物である。バチェラーは、二風谷から程近い平取のキリスト教信者に対し、「あのような後進的な儀式を晒すのは日本にとって恥ずかしいことだ」（1933 年 12 月 24 日付、RAI 所蔵）と述べて、マンローの映画制作に反対したとされる。それに対してマンローは、イヨマンテが「アイヌの人びとに野蛮人の烙印を押すものだという発言を考慮して字幕を書いた」と述べている（1935 年 4 月 5 日付、RAI 所蔵）。つまり、アイヌ民族とその文化が、この映画によって誤解されないようにとの配慮から、マンローによる字幕は饒舌になったと考えられる。

この作品を映画として見ると、字幕が長すぎて鑑賞しにくいところは確かにあるが、字幕をじっくり読んでいくと、アイヌ民族とその文化をマンローがいかに尊重していたのかも読み取れる。そういう意味で、この映画の魅力のひとつは、字幕にあると言っても良いだろう。本章は、マンローによる解説字幕と、歴博が所蔵する映画フィルムの4Kスキャン画像により、擬似的にこの映画を鑑賞していただくことを企図したものである。

　この作品では、アイヌ文化が急速に変わりゆく時代にあって、映画のカメラの前で生き生きと動く二風谷のアイヌの人びとの姿も魅力である。だが、1930（昭和5）年12月3日付の『室蘭毎日新聞』は、旭川方面から買ってきた2歳になるクマを使って、12月25日、マンローがイヨマンテをおこなう予定であることを伝えている。映画に写っているのは、購入したクマを使って研究のためにおこなわれたイヨマンテであり、本来的な目的でアイヌ民族が自らおこなったものではなかったことに留意したい。明治以降のアイヌ民族の同化政策により、イヨマンテが本来の目的と形式でおこなわれることは少なくなり、1920年代後半には、興行的な目的でおこなわれるイヨマンテのほか、学術研究のためにおこなわれる例が見られるようになっていた。マンローが映画におさめたイヨマンテも、そうしたものの一つである。

凡　　例

- ・参考にした英文字幕は、マンローがイギリスに送った16㎜フィルム版による。
- ・マンローによるアイヌ語のアルファベット表記は、カタカナで示したが、原則として萱野茂『アイヌ語辞典』（2002年、三省堂）に準拠して示した（ただし「ト゚」は「トゥ」に改めた）。同書に記載のないものは、マンローのアルファベット表記にしたがってカタカナで示した。

大 沢 商 会 （京都）

一般に「アイヌのクマ祭り」と呼ばれるカムイ・イヨマンテ、すなわち神送り

ゴードン・マンロー医師による観察

▶ アイヌ

　石器時代の狩猟者として、アイヌは西アジアのどこかから、あるいはもしかした
らヨーロッパから、日本に渡ってきた[注1]。アイヌ語の地名と彼らの文化の痕跡
は、日本中に残っている。彼らの言語はとても表現豊かで、洗練された心を表し
ている。先史時代のアイヌは、高度に芸術的な陶器や、すばらしく仕上げられた
道具を作った。しかし、それらの道具は耕作のためにはほとんど用いられなかっ
た。その結果、多数の住民、より優れた資源、高い効率性を有する農耕の波に直
面したとき、点在する彼らのコミュニティはたちうちできなかった。現在の教育
と社会的・政治的な外力により、現存する数少ないアイヌたちは、急速に現代文
化をとり入れつつある。

注1　アイヌ民族がアジアの西方から渡ってきた人びとだとする
　　　考え方の影響を受けた記述。第4章を参照。

▶ アイヌの信仰

今も多くのアイヌは、彼らを取り巻くすべてのできごとがある種の行為であり、そこに働く力は、人間におけるのと同じように、自然作用の意図によってなんらかの影響を受けていると信じている。世界のすべての特別な事物やできごとを、霊的存在によるものと見なすこうした世界観はアニミズムと呼ばれてきた。このように推定された目に見えない存在は、超人的な力を行使し、人間の能力を超えたことをなすと一般的に考えられているため、アイヌはそれらを優れたものや非凡なものという意味で、カムイと呼ぶ。カムイには、友好的なものと有害なものとがあるが、前者は後者よりも力が強く、人びとが供物と正しい形の祈りをもって適切に近づけば、友好的なカムイは有害なカムイを打ち負かしてくれる。

▶ クマ祭り

クマはアイヌの最高神ではない。しかしクマは、強さや勇気、知性などを具現化したものであり、その肉は、アイヌの活力を維持する好ましいものであることから、山の神であるカムイの化身と信じられてきた。カムイ・イヨマンテすなわち霊送りは、ヨーロッパや他の地域でおこなわれる多くの類似した儀式や祭礼のように、肉体の死を伴っており（通常、肉は饗宴で食される）、崇拝者たちの利益になるように霊は肉体から離れ、別の肉体に生まれかわる。

▶ オ ン カ ミ

オンカミは拝礼を意味するが、通例、敬意を表す特別なしぐさを含意する。アイヌの男性は、両手を前にのばし、静かに擦り合わせ、手のひらを離して上に向けて額まで上げ、そして髭を撫で下ろす。アイヌの女性は、右手の指を、左手の指から腕に沿って上へ、いれずみをした上唇の向こうまで持っていく。

▶ イナウ

イナウは、生木から切り取られた杖状のもので、特別な形に削られ、多くの場合、美しくカールした削りかけが付いている。イナウはおそらく、人間の形を象徴したものであり、霊力が宿るための体だと考えられている。イナウは、神への捧げ物であるだけでなく、使者としての役割もあり、二重の目的を有している。これは、世界の他の地域にもあるように、古代の人身供儀の姿をとどめているのかもしれない。

► ストゥイナウ

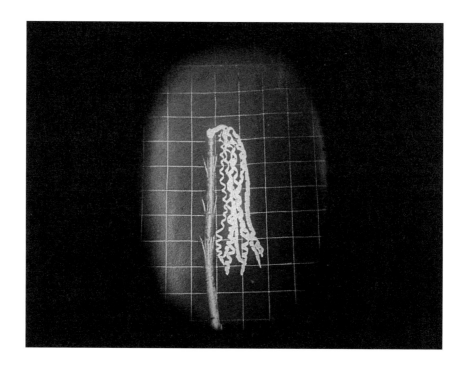

ストゥイナウは祖霊のための体である。通常は一柱の神に4本が捧げられるが、悪霊に対しては、6本を一組にして数組が準備されることもある。

▶ ハシナウ

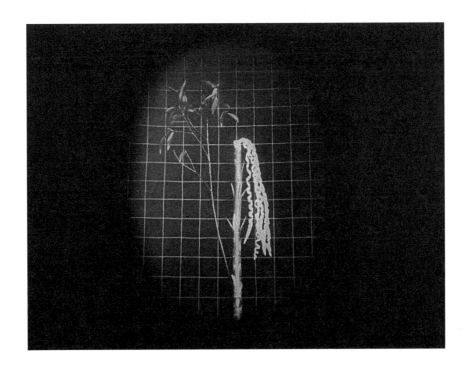

ハシは低木を意味する。これらのイナウは、狩猟者を護り助ける森の神、あるい
は森の霊に供えられる。若枝や小枝は、その機能を示している。

古くは、おそらく、生殖と生命力の象徴であり、霊力を保つ能力を持つと信じられている。マウェとは、アイヌ語で魔力のことだが、良い使われ方も悪い使われ方もされる。世界中で見られるお守りは、こうした考えを漠然と保持している。チェホロカケプは、カムイフチの炉床で燃やされる唯一のイナウである。

▶ イナウネトパ

これらの体を持つイナウには2種類がある。広がった削りかけを持つ優雅なキケパラセは、理想的な美であり、その形は神の体にも相応しいと考えられている。この種の彫像の二柱の神がクマ祭りに参加する。もう1つのイナウネトパであるキケチノェイナウは、屋外の神に捧げられるだけでなく、クマ祭りにおいて、霊力を備えた家を護るイナウ、チセコロイナウとして炉辺に立てられる。

► チセコロカムイ

家を護るカムイと言われ、イナウの形を与えられた唯一の永久的な神であり、家のイナウと混同してはならない。炉床の燃えさしが心臓としてくくりつけられ、頂の割れ目が口を表している。家の北東の角に立てられ、家を守護する。

▶ チクペニカムイ

この神は、永久性は低く、特別な目的に使われる体を与えられる。この彫像は、カムイの名の由来である木[注2] の強い臭いがあり、悪霊を撃退すると考えられている。それゆえに、この神は、ここでは仔グマの守護神として用いられる。

注2　チクペニはエンジュの木。

▶ トゥソクニ

地中にしっかりと固定された支柱で、クマをこの支柱にくくりつけ、矢で仕留める。また、この支柱のまわりに輪をかけて、2歳のクマが暴れる時につなぐ。イングランドのメイポールと同様、この支柱も、生命を表す常緑樹で飾られる。チェホロカケプを、殺された神の血に浸して、頂に差し込む。これも同様に、不死の霊による復活あるいは再生の象徴である。

▶ シックライナウ

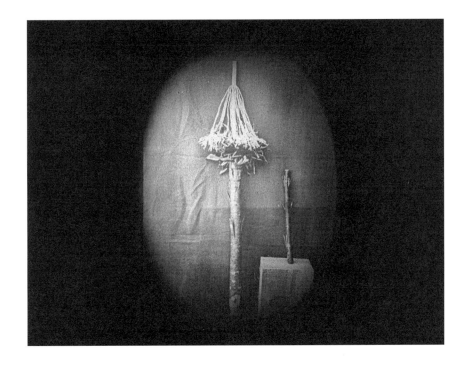

　形はストゥという祖先のイナウと似ているが、頂にキケチノェイナウが付いている。常緑樹の冠はクマ神の不死を示しており、祭りの後でクマの霊が肉体を離れる前に、これらのイナウでクマ神の頭部を装飾する。

▶ イクパスイ

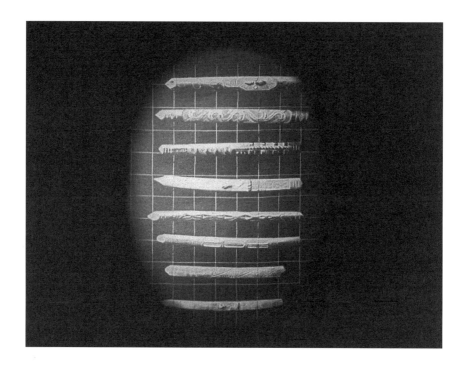

儀式において酒を飲むときに、しばしばそのように使われることから、髭上げ（髭べら）と呼ばれている。これらは実際は、メッセージを伝えるための棒で、「舌」が付いており、さらに、それぞれのイナウに酒をふりかけてカムイに酒を捧げる時に使用される。

► キケウシパスイ

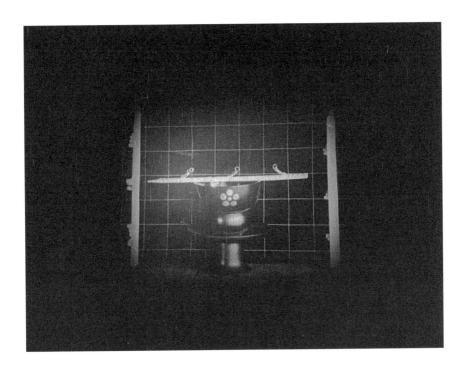

クマ祭りのため特別に作られるもので、一度しか使われない。いくつかのイナウ
と同様、ラプ（翼）が付いており、これが賛美の言葉や願い事を神々に運ぶとさ
れる。

▶ ヘペライ

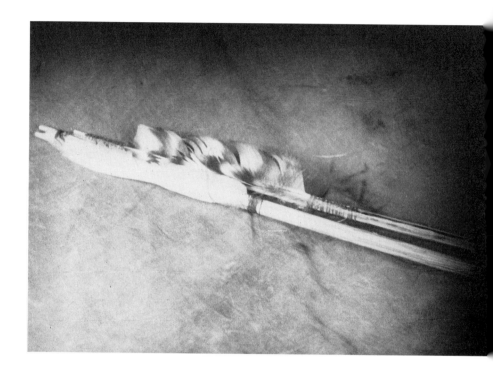

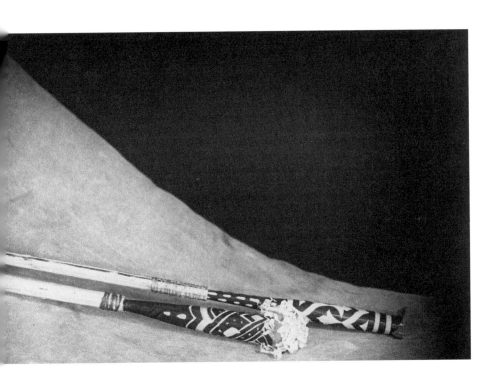

これらの矢は特別に装飾されており、実際には殺傷力はない。多くの場合、ヘペレと呼ばれる、通常は1歳程度の若いクマに向かって放たれる。この祭りのように、クマが2歳の場合は、リヤㇷまたはペウレㇷと呼ばれる[注3]。こうした矢は、おそらく、ウェンカムイ（悪霊）に対する呪術的な防衛のために用いられる。

注3　萱野茂（2002）によれば、ヘペレは生まれて1年以内の「赤ちゃん熊」、ペウレㇷは「小熊」、リヤㇷは「1年たった熊」。

▶ ヌサ ── 「ヌサ」の図

一種類あるいは数種類のイナウをまとめたものである。高位の神々や霊力には、それぞれ決まった数と種類のイナウがある。ヌサ[注4]は、アイヌの住居の東側の神窓の外に配置される。

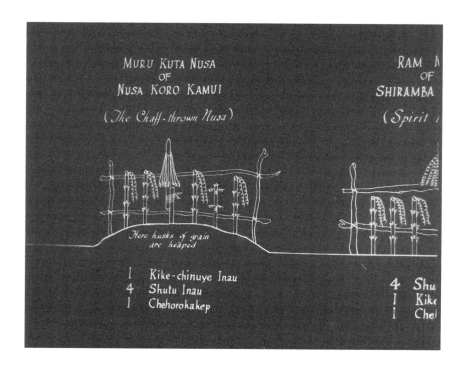

注4　ヌサは祭壇を意味する。

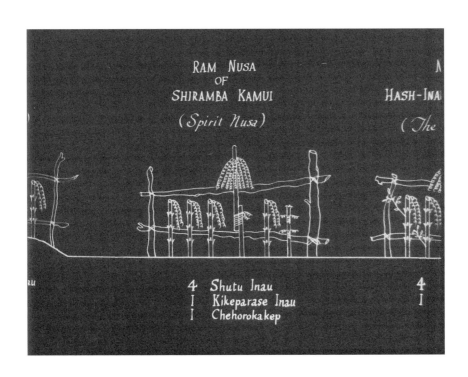

RAM NUSA
OF
SHIRAMBA KAMUI

(*Spirit Nusa*)

4   *Shutu Inau*
I   *Kikeparase Inau*
I   *Chehorokakep*

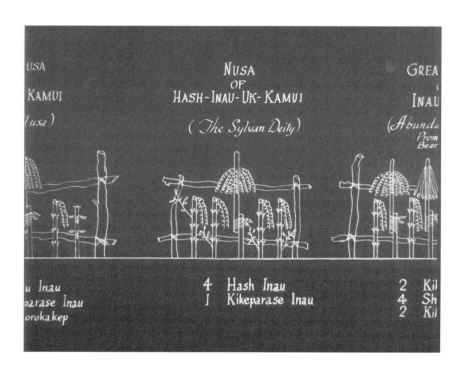

NUSA
OF
HASH-INAU-UK-KAMUI

(The Sylvan Deity)

USA

KAMUI

(Nusa)

GREAT

INAU

(Abunda
Prom
Bear

4   Hash Inau
1   Kikeparase Inau

u Inau
parase Inau
orokakep

2   Kil
4   Sh
2   Kil

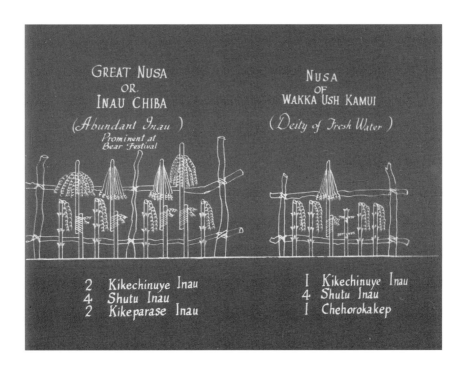

▶ カムイ

カムイは無数に存在するが、パセカムイ（影響力の強い真のカムイ）は少ない。好意的なカムイのすべてがパセカムイと呼ばれるわけではなく、2種類のカムイが際立ってそう呼ばれており、このささやかな描写においてもそれら二神に触れておく必要がある。

第一のパセカムイは、シランパカムイと呼ばれる。アイヌにとっての偉大な世界神で、「宇宙の所有者」であり、地球上のすべての生命を生み出すのではないとしても、植物の創造者である。この神は、世界に遍在すると漠然と考えられており、さまざまな下位のカムイは、その代理人と見なされている。

第二のパセカムイは、カムイフチまたはアペカムイで、祖霊女神または火の女神である。この女神は、火そのものではなく、家庭の火を燃やし続ける祖霊神である。ギリシャのヘスティアやローマのウェスタと同様、この女神も炉と家庭の神である。カムイフチは、アイヌのすべての神々の中でもっとも崇拝され、信頼されており、他の神々に近づく前にこの神に祈願する。

もう1語ふれておきたいのはラマッである。これは、心、魂、霊などを意味し、アイヌの宗教のまさに核である。アイヌは、「木や石におじぎをする」のではなく、万物に命を吹き込み、あらゆるものに浸透して完成させる霊であるラマッに頭を下げるのである。一つ一つの事象の中に、アイヌはワーズワスが見ていたのと同じものを見ている——「その動きと霊は、すべての思考するものと、すべての思考のすべての対象をつき動かし、すべてのものを貫いて駆けめぐる」

時代遅れであるように思われるクマ祭りの中に、そのような観念や作用を見出すべきであるならば、それらを心に留めておくのが良い。そして、「自然詩人」ワーズワスとともに、こう問おう——「いとしい自然に対する古の信心が歴史という根株に花開くことは、もはやないだろうか」

▶ 祭りの準備

あらかじめ洗った木臼でキビを挽いて、団子を作り、茹でて冷まし、叩いて平らにする。大きい団子は神や関連する霊のために、小さめの団子はアイヌの客人たちのために作られる。これらの団子の中心に穴を開け、串を通して連ねるが、偶数は縁起の悪い数として避けられる。祝い物として撒く小さな団子も作る。

▶ 良い神への事前の儀礼

本祭りの前日、祭主の家に友人たちが集まり、通常はこの行事のために食べ物を
持ち寄る。最初に炉の女神カムイフチに供物を備え、承認と保護を祈願する。そ
の後、屋敷内外のほかの神々に順に祈る。

神窓の外に、捧げものとして、また霊的コミュニケーションの手段として供えら
れる特別な種類のイナウを支える祭壇が設けられる。

この家庭祭壇では、カムイノミ（神への祈り）は、屋内から、アイヌが信頼を置く周囲の神々へと続けられる。祭りの衣装を着け、額にしるしのついた神聖な削りかけの冠をして、彼らは儀式として数滴の飲み物（神酒）を神々に捧げ、残りを飲み干す。

► 儀式のために用意された舞台

この祭りのために大き
な小屋が建てられる。
今ではめったに見られ
なくなった古い慣習で
ある。トゥソクニ（横
たわる支柱）には、不
滅の生命を意味する常
緑樹の飾りが付けられ
る。祭壇は準備の最中
である。

エカシ（年長者）たちが補佐役とともに、イナウを適切な並びに整え、神々に割り当てられた祭壇に配置する。すべての善意の神々に対し、祭儀への列席と祝福を請い願う。カムイ・イヨマンテという一大祭儀を祝うために、アイヌと神々が出会うのである。大きい祭壇のモミとササの常緑樹は、霊の不滅の生命を表していることに留意。

和製の漆器に食べ物と飲み物を
用意する。神聖なデザインのご
ざを壁にかけ、それを背景とし
て儀式用の刀を吊るす。これら
の刀は、ヨーロッパの格式高い
式典の礼装で身につける剣のよ
うに、こうした高位の神々に接
近する時に欠かせないものであ
る。

女性たちは、小さい団子を連ねるための串を準備する。子どもたちは、キビ団子をイナウチパ（豊かなイナウ）と呼ばれる祭壇のところまで運ぶ。そこは、殺されたクマの頭部を掲げる場所であり、魂の旅立ちに向けて、土産物が用意される。

汁物が煮え、料理を準備
し、イナウ・コラシュコ
ロというヒエ酒、または
その代用品を大きな器に
注ぎ、4つの特別な杯を
神聖なござの上の台に置
く。これで饗宴のための
準備がすべて整った。早
めに来た客たちを、主催
者が迎え入れ始める。

近隣や遠方から見物人たちが集まる。

▶ クマの檻

チクペニカムイは、強い香りのあるイナウのからだに宿る守護霊で、クマの檻の角に置かれ、悪霊を追い払うのに備える。

クマはまだ2歳だが、愛情深く飼育され、人に慣れている。しかし吠えたてるイヌは、かぎ爪のある獰猛(どうもう)そうな足を信用していない[注5]。

注5　クマに向かって吠えたてるイヌのショットは、歴博のフィルムには存在しない。

一人のアイヌ男性が、親愛なる神に祈りと数滴の酒を捧げる。瞬く間に、神は捧酒箸を奪い取る。

檻の上から輪縄でとらえ、頑丈でしなやかな綱につなぎ、クマを檻の下から連れ出す。

クマは唸り声をあげているが、凶暴というよりも驚いた様子であり、熟練者の手でその最期の舞台へと導かれていく。

神を待ち受けて来臨を歓迎する。

▶ シノッ──「遊び」

クマは外を走り廻りながら、楽しんでいると考えられている。ヨーロッパの古い風習では、モミの木の枝が悪霊の影響を払い除けるが、それはここでは今も完全には廃れていない。

チクペニカムイも、いかなる魔物とでも闘うべく参列する。

1、2周した後、傷つけることのない先端をもつ特別に装飾された矢を神に向かって射る。おそらく、悪霊を退治したり、怯ませたりするためであろう。

そして、クマをトゥソクニに縛り付け、悪霊に見舞われないよう直前に選ばれた射手は、自らの本物の矢が迅速かつ容易に仕留めることを祈る。

▶ 死にゆく神

ジェームズ・フレイザー卿は、その大著『金枝篇』の中で、古代の世界中の儀式にこのような題を付けている。神は死ななければならない、というよりむしろ、肉体から解き放たれなければならない。というのも、神の霊が人類にとって「尊い」からである。病気や老衰によって霊が「汚れる」前に、若くして死ぬ方が良いのである。この場合には、竹製の矢尻の矢で1、2回射ることが、肉体から霊を解き放つための適切な方法と考えられている。聖なる血を土に触れさせてはならない。しかし、清らかな雪が聖なる血を汚すことはない。

ひとりのエカシが、旅立つ魂の冥福を祈る。

神は死んだ！　神は永く生きよ！

今はもう生命のない肉体を離れつつある神への挨拶は、悲しみを帯びている。ある地域では、今でも哀悼の儀式がおこなわれている。古代ヨーロッパや西アジアでもタンムーズ、パーン、アドーニス（おそらくイノシシに転生したであろう）など、同様の神の死は多く見られた。しかしアイヌは、魂は不滅であると堅く信じている。神の復活こそが、カムイ・イヨマンテ（神送り）の主題である。

去りゆく魂は、呪力ある矢が祭壇を越えて飛んでいくことで伝えられる。アイヌの少年たちは、それらの矢を求めて競いあう。

▶ 絞殺を模した儀式

　ほかの国々には、神や王族の血を流さないように、犠牲者を絞殺する風習があった。アイヌもまた、2本の棒または太い支柱と棒の間に挟み首を絞めてクマを殺した。これは今でも見られるかもしれないが、矢が用いられる場合には、古来の風習にしたがって、儀礼的な擬似絞殺がおこなわれる。本来の意味を失った儀式は多くの場合、遊びとなってしまっているが、この場合はおどけへと移行しているのが見てとれる。この道化芝居を冷淡な無関心の証拠と捉えるのは誤りだろう。むしろこれは、蒸気の圧力が弁を抜けながら音を立てる場合のように、悲劇から喜劇への転換である。

▶ シランパカムイのラムヌサ　──アイヌの世界神との霊的出会い

メスのクマなので、木の棒よりもふさわしい首飾りをかけ、礼拝、賛辞、約束、献酒をして霊を喜ばせる。

そして、伝統的な儀式の厳格な決まりにしたがって、クマの肉体の皮を剥ぎ解体する。

▶ シノッの模擬

このおふざけの背後に、古代宗教の研究者は、神がまだ生きていて、魂が不滅で
あるかのような呪術的表現を見てとる。ほかの時代や地域では、クマやその他の
動物の動きが、その死後に真似られていた。

再生の象徴であるチュブプスイナウは、尊い血に浸され、生命の象徴であるトゥ
ソクニの上に掲げられる。冬至のときに太陽の再生や復活を意味するヒイラギの
赤い実と同様である。

▶ マラプト　饗宴

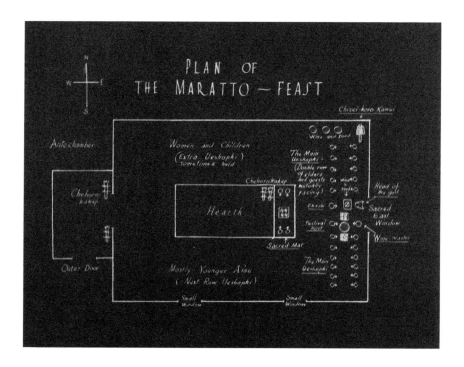

■　マラプト（饗宴）の平面図

饗宴の全景

東の神窓の近くに、魂がまだとどまっているクマの頭部を饗宴の主賓として安置する。神前に食べ物を供えることで、食べ物は、それを共食するすべての者の利益になる力を得る。

男性たちは 2 列に並んで対面する。これをウウェソプキといい、互いに配置され
たという意味である。

▶「聖なる肉」の分配

「酒の主人」は、神の頭部の横、大きな酒器の向かいに座る。責任の重い役であり、相当の量の肉片を手にする。彼は贈り物への感謝の意を神に表する。

■　一般客は小さな肉片をもらい、拝礼しながら恭しく両手で受け取る。

▶ 祝　　宴

長老たちとそのほかの人びとは、酒を飲んで陽気になり、ステップダンスを踊る。

男性の通常の踊りはタプカラと呼ばれ、文字通り、足を踏むという意味である。

女性たちはもっと生き生きと踊り、酒をごくわずかしか飲まないため、自然に、心から楽しんで参加している。注目すべきは主催者の妻である。彼女は親切で、いつもは物静かな 68 歳の女性であり、場をもりあげるために 20 歳の娘のように踊っている。もし男性たちの禁酒が、守られている時よりも破られている時に、より称賛を得るとしても、饗宴の進行を損なうような不和は起こらない。

踊り、歌、そして伝説の語りが朝まで続く。

　一部の善良な人びとは、アイヌがクマの血を飲むのを非難しても、「生焼け」の牛肉や生カキ、血や内臓を丸飲みすることは何とも思わないのである。そのような人びとは、信じきって餌をもらいに近付いてきた鶏の首をひねり、平気で貪り食う。最高レベルの文化を持つ人びとは、血や肝臓のソーセージを味わい、その恩恵を受けてきた。ヨーロッパの病人たちは、効き目のある治療薬として、今でも動物の血を飲み、生の肝臓を食べている。人間の血液でさえ、体の弱った人や貧血患者の血管に日々注がれている。アイヌはクマの血をカムイ・クスリ（神の薬）と呼び、信仰をもって飲むのである。薬への信頼が効力を高め、実際は効力がなくても治ることもある。

血という漢字は、古代、杯に入った血として描かれていた。

他地域の古代の歴史と民俗にも、この儀式は登場する。おそらく、神の肉と血は十分にはなかったので、キリスト紀元のずっと前からパンとワインで代用されていたのだろう。高尚な宗教は、そのモチーフを昇華し、理想化したのである。

しかし、この土着の遺風には、恥ずべきものも、品位を下げるものもない。無知で偏見に満ちた考えの人には、「比較は不愉快なもの」であるが、「真理が自由をもたらす」と考える人には、比較は歓迎されるものだ。

▶ ラムヌサでの感謝の祈り

皮の上に置かれたクマの頭部は肉体を取り去られていても、名残惜しむ魂をまだ
引き付けると信じられている。シランパカムイの魂と会える場所に聖なる火が燃
えている間、賛美の言葉や献酒とともに、感謝の拝礼が捧げられる。

ここには血が入っていた空の杯が置かれ、残留する霊力や呪力が薄れていくか、
吸収される。霊力が残留磁気のようなものとして存続するという考え方は、人類
の中に依然として残っている。

ここで注目しておきたいのは、満たされたばかりの杯を受け取った者がそれを飲むことは、作法で禁じられているということである。杯を受け取った人は、拝礼の身振りをして、それを向かいの人に渡す。

▶ シンヌラッパ　先祖供養

死者に供物を捧げる儀式は、女性と男性とが一緒に参加する唯一の宗教儀礼である。祖霊には、酒や、醸造で発酵した穀物の粕などの捧げ物をする。石器時代には、アイヌは今よりももっと祖先崇拝に注意を向けていた。

▶ 祝い物を撒く

古代ヨーロッパのカーニバルで、肉片や菓子がそうであったように、クルミほど
の大きさのキビ団子が撒かれ、人びとは先を争って拾い合う。こうした物は、神
との親密なつながりによって幸運をもたらす。

▶かつては呪術的な儀式であった綱引き

綱引き遊びをする学童たちは、昔はこれが厳粛な行事で、多くの国々で一種の占いであったことなど、知る由もない。

▶ 擬態の踊り

飛び跳ねることは、感情を発散させる自然な方法である。しかし古い踊りの多くは、パントマイムや仮装から生まれた。後進的な文化の踊りの多くは、私たちの都市部の有名なパフォーマーの踊りと同じくらい、そっくりに動作をまねている。

アイヌは、彼らの踊りの当初の意図を忘れてしまった。おそらく、クジラの踊りは、陸に来て役に立ってくれるように招待するものだったのであろう。ネズミの踊りは、その逆であったかもしれない。

ツルの踊りは、古代ギリシャでは太陽の儀式であった。しかし、親族の象徴と関係しているトーテムダンスを心に留めておく必要がある。

踊り続けよ！　喜びよ、果てしなくあれ！

二人の長老が踊りを眺めている。

女性たちによる踊りはリムセと呼ばれ、男性たちも時々参加する。トゥソクニを
廻るこの踊りは、メリーイングランドのメイポールダンスを思わせる。

儀式用の刀が悪霊を防ぐために用いられる。しかしここに存在するのは、大喜び
の神々だけである。善良な神々がめでたい客として集まっており、不安の余地は
まったくない。

▶夜明け　ケオマンテ　最後の旅立ち

夜明けとともに、とても長い間、食べ物を与え、世話をしてきた人びとのもとを、神が去らなければならない時が来る。神窓から運び出した頭部を、火が燃えているラムヌサのところへ、もう一度持って行く。

まずアイヌの世界神に、次にクマの魂に、供物と祈りを捧げる。

森の神にも、感謝と酒を捧げる。神の正式な名を公然と口にするのは不謹慎とされる。

クマの頭部の脳、目、耳、そして舌の位置に、神聖なイナウの削りかけを詰め、ふたまたに分かれた支柱に固定し、適切なシックライナウ[注6]で飾る。

この打ち解けた滞在の最後の場面では、神に帰るよう請う。その神聖な肉と血の恩恵のために、神は、それまでと同じように良い食事と手厚い世話を受け、神を讃える喜びに満ちた祭りや、別れ際の惜しみない土産物を受け取る。

注6　シックライナウは、イヨマンテでクマの首を押さえて締める
　　　棒状のイナウ。

70

▶ 旅立つ魂を喜ばせるための儀式舞踊

長老たちのこのタプカラは、疑いなく古い踊りであり、神の目から見て良いものとして慣習的に認められている。形式的な祈りのことばはなく、賛美と喝采の言葉が、感情を込めて語られる。

アイヌの胸の中にある魂は、この別れの儀式カムイ・イヨマンテの中で、その希望のこだまを聞いていないだろうか？

この踊りは、最後を表す身振りではない。これには、「ではまた」という意味があり、幸せが何度も戻ってくるようにとの希望がある。

幸いにも、降り積もる雪が、神の足跡を覆い隠していく。その道は、山のふるさとの祖霊たちのもとへとつながっている。

アイヌはそう言った。

――完――

第2章

女と男の手仕事

二風谷コタンの風景。1930（昭和 5）年頃。
（マンロー撮影「イヨマンテ」35mmポジフィルムより）

Introduction

　アイヌ文化では、住まいがあるところはコタン（kotan）、狩りや漁など
の生活の場はイオル（iwor）と呼ばれた。

　一般的に、狩りや漁は男性の仕事とされ、それに使う道具や、神聖な儀
式に用いられる祭具を作るのも男性である。女性は、樹皮製の布、着物な
どの衣類、ござや背負い紐などの制作や、食用植物の採集、ヒエ・アワの
栽培などを担っていた。

　アイヌの女性と男性の手から生み出されるものには、魂（ラマッ、
ramat）が宿っている。マンローによれば、世界を支えていると考えられ
ているシランパカムイと呼ばれる神は、植物の神であり、その神のラマッ
は、ほかの木々にも分け与えられており、それから作られるすべてのもの、
たとえば、家、家庭用品、武器、道具などのほか、穀物や野草、雑草の中
にも宿っているとされる。

　ラマッを内在しているということは、木や草も、そして、それらから作
られたすべてのものも、人間と同じように、感情・感覚があるものと考え
られた。使えなくなった道具類は、人びとから感謝の言葉を述べられ、そ
こに内在しているラマッは、神々の世界に送られる。

　歴博に残されたマンローの写真は、1930 年代に撮影されたと考えられ
るものがほとんどである。18 世紀後半以降、日本本土から移住してきた
商人たちの管理のもとで、アイヌの人びとは漁業に従事することを強いら
れ、また、松前藩や江戸幕府から狩猟を制限されるなど、その生活は大き
く変わっていった。さらに明治時代以降、政府はアイヌ民族に対し、いれ
ずみなどの伝統的な習俗の禁止、日本語の習得、狩猟を中心とする生業か
ら農業への転向などの同化政策をおこなった。アイヌ民族の生活は大きく
変化しつつあったが、ここではマンローの写真に基づいて、アイヌ民族の
女性と男性の手仕事を紹介する。

1 　女性の手仕事

　アイヌの女性たちは、山菜とり、雑穀の栽培、水汲み、食物の調理、機織りやござ編み、裁縫などの針仕事、育児などをおもに担った。歴博が所蔵するマンロー撮影の写真には、生活のすがたをおさめたものは乏しいが、それらを参照しながら、女性の手仕事の一端を見てみよう。

　オヒョウなどの樹皮を剥ぎ、内皮の繊維から作った糸
で織る。また、この織物で作られた着物もアットゥ
シと呼ばれる。近世期を通して、アットゥシはアイヌの日
常着、また晴れ着として用いられたが、18世紀後半にな
ると、アットゥシは、アイヌがアイヌ自身のために作るだ
けでなく、和人社会や、漁撈に携わるアイヌ自身への商品
としても大量に生産され、流通していたことが明らかにさ
れている。マンローが二風谷に住んでいた昭和の初めの頃
は、この地域の木々は薪炭業者により伐採され、アットゥ
シの材料となる樹木が不足していたという。樹皮を採る仕
事は、二風谷ではかつて、おもに女性が担っていたが、昭
和30年代後半の民芸品ブームの中でアットゥシが大量に
生産されるようになると、樹皮を採るのは男性の仕事に
なったとされる。

上から順に、イシトムシプ（腰にあてる帯）、アフンカニッ（横糸を巻く棒。棒の両端の方向に糸を巻きつけるタイプと、螺旋状に巻きつけるタイプ）、トゥマムンニ（布巻きとり棒）。左から順に、アットゥシペラ（織物のへら）、カマカプ（上下の糸を分離する道具）、ペカウンニ（糸を掛ける棒）、ウォサ（筬）。

樹皮を背追う女性（左）と糸撚りする女性（右）

　立っている女性は、樹皮を背負って運ぶ様子を、座っている女性は、口を使って樹皮の繊維を撚り合わせ、ござ編みに用いる糸を作る様子を見せている。マンローによれば、糸は概ね、シナの樹皮から作られたという。また、シナの樹皮の内皮は、手作りの袋や柔軟性のあるかごのような入れ物の材料として用いられたという。座っている女性の前にはイセテニ（ござ編み機）が見える。

トマ（ござ）編み

イ セテニ（ござ編み機）を用いてトマ（ござ）を編む様子。トマの材料には、おもにシキナ（ガマ）が使われる。マンローは、アットゥシ作りが芸術だとすれば、ござ作りは、人びとがそれを床に敷いて座るための実用的なものだとしている。ござには、日常生活の敷物として使う無地のものと、儀式などに用いられる文様入りのものとがあり、写真の左奥の女性は無地のござを、右手前の女性は文様入りのござを作っている。

イナウソ（文様入りのござ）（上）
オキタルンペ（文様入りの大きいござ）（下）

オニカプンチタラペ（半分に文様が入ったござ）

文様入りのござは、儀式などに用いる。文様の部分は、かつては染色したオヒョウを用いていたが、マンローによれば、適したオヒョウの樹皮が不足し、染色された布を用いてござを作らざるを得ない人びともあったという。

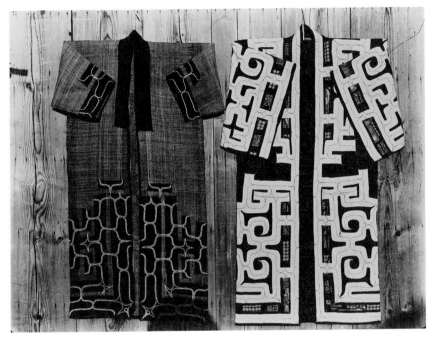

アットゥシアミプ（左）とカパラミプ（右）の前面

アットゥシアミプ（左）とカパラミプ（右）の背面

　アットゥシには、日常着・労働着として用いられる文様のないものと、晴れ着として用いられる文様入りのものとがある。文様入りのアットゥシは、襟、襟下、袖口、裾、背面上部と下部などに木綿の布をアップリケのように縫い、その上から刺繍を入れる。カパラミプは、木綿の生地に、幅の広い白布を重ねて文様を切り抜き、縫いつけ、刺繍したもので、マンローが観察した昭和初期、重要な儀式の時に着用されていたという。

チカラカラペの前面

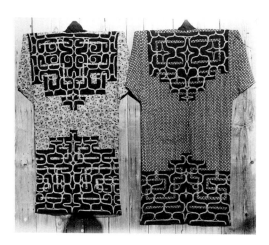

チカラカラペの背面

チカラカラペは、木綿の生地に黒や紺の布を切り伏せ（アップリケ）し、その上に刺繍を入れて作られる。チカラカラペも晴れ着として用いられる。アイヌの女性はほとんど皆、このような調和のとれた装飾をデザインし、作り上げるタレントを与えられていた、とマンローは述べている。

子どもを背負う様子

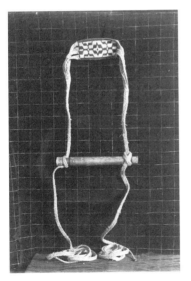

子どもを背負う用途に用いられる縄

子どもや荷を背負う時、タㇻと呼ばれる背負い縄を頭から下げて用いる。額にあてるところは幅広く、そこからのびる部分はしだいに細くなるように編まれる。マンローは、タㇻのことを、家事としてなされる技の中でもっとも完成度の高いもののひとつだとしている。

薪を運ぶ様子

左の女性は、タゥを用いて薪を背負っている。アイヌ文化では、亡くなった
人が神の国で不自由しないように、生前使っていた道具などが一緒に埋葬
され、それらを背負って持って行くことができるようにと、背負い縄であるタゥ
も埋葬される。マンローが二風谷に住んでいた昭和の初め頃でも、アイヌの家庭
の主婦は、死という避けられないできごとに備えて、葬儀用のタゥやそのほかの
ものを準備していた。もっと以前には、新婚女性の最優先事の一つだった、とマ
ンローは述べている。

2 男性の手仕事

アイヌの男性たちは、海や川での漁や、山での猟などにたずさわった。また男性たちは、木を切り倒して、薪を切ったり、家を建てたり、ボートを作ったり、実用的なすべての道具や、彼らの生存のために不可欠な装置を作ったりした。ここでは、男性たちの手仕事から生まれた道具類を紹介しよう。

タシロ（山刀）の柄

タシロ（山刀）（左）とマキリ（小刀）（右）

　タシロの柄の材には、堅いトペニ（イタヤカエデ）などが用いられる。写真（上）のタシロの柄は沙流川（さるがわ）流域のものと思われ、現品は大英博物館に所蔵されている。アイヌの女性たちが刺繍に優れていたのと同様、アイヌの男性たちは優れた彫刻技術をもっていた。アイヌの男性たちにとってタシロはとても有用なもので、山に行く時には腰につけ、狩猟用の仮小屋を作ったり、薪用の木を切ったりするのに使った。マキリもまた不可欠の道具で、種々の用途に用いられ、イナウを作ることから、他のさまざまな用具制作、それらに彫刻して模様を入れたりするのに用いられた。

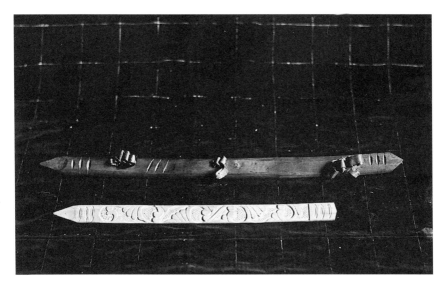

イ クパスイ（献酒箸、奉酒箸）は、神々に酒を献ずる時に用いられる。マン
　　　ローはこれらを 40 本ほど集めて調べ、とがった先端の裏側に、矢尻のよ
うな形があることに気づいた。そしてこの部分には、神々への願いを伝える機能
があり、ほとんどの長老たちはそれが舌であることを知っていて、火の神カムイ
フチへの祈りの仲介をしてくれると考えていると記している。マンローは、アイ
ヌの祈りの言葉の中に、「自分の話し方は拙いものであるが、『献酒箸』は自分が
言おうとしていることを正確に伝えてくれる」とあることに着目し、献酒箸の機
能は、酒を献ずることよりもむしろ、人びとの願いをカムイフチに伝え、カムイ
フチからのメッセージを人に伝えることが、本来的なものだと考えた。

キ ケウシパスイは、削りかけが付いたパスイで、ヤナギで作られる。クマ送
　　　りなどの特別な儀礼で使われるもので、イナウに結び付けられたり、クマ
の頭部に捧げて、たくさんのイナウとともにクマの頭部を立てる時に用いられる。

クアリ（仕掛け弓）

男性たちは弓矢に熟達していて、弓矢をおもに狩猟で使った。6歳から8歳
くらいの少年は、小型の弓で練習をした。「ク」は弓の総称で、手に持っ
て使うものと、仕掛けて使うものとがある。クアリ（クワリ）は仕掛け弓のこと
で、9月中旬から12月中旬まで、また4月中旬から6月中旬まで、分水嶺の獣
の道に仕掛けて、おもにクマをとるのに用いられた。弓弦をピンと張って矢をつ
がえ、トリガーで固定する。トリガーの先端から糸を延ばしてクマの通る道に
張る。獲物が糸に触れると糸が引っ張られてトリガーがはずれ、矢が発射する。
クアリに使う矢は、重くて硬い木で作られ、クアリから獲物までの距離も6～8
フィート（約183～244 cm）と短いため、矢羽は付いていない。また、矢尻にはト
リカブトの毒が塗られており、矢毒が雨で流れないように、カバノキの皮で作っ
た筒状のケースの中にセットされる。

ホイヌアッペの模型

テンなどの小動物を獲るための仕掛け罠の模型を撮影した写真。マンローは「キツネ用の罠」と記している。簀の片側を紐で吊り、その紐を横棒の上に乗せた棒の端にかける。棒の反対側の端には、トリガーとなる部分を結び、それに紐をつなげて簀の下にエサを吊るす。獲物がエサを引っ張ると、トリガーがはずれ、重い石を取り付けた簀が落ちて、獲物が圧死する。毛皮を傷つけずに獲ることができる。

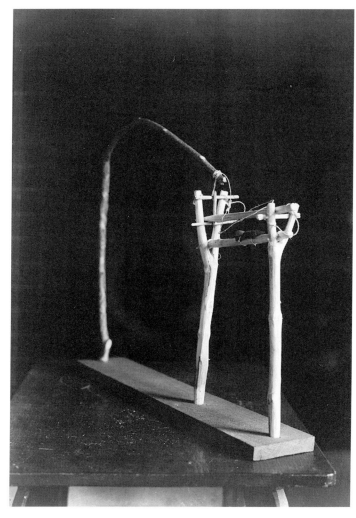

エヤミカの模型

カケスなどの鳥を獲る罠の模型を撮影した写真。2本のY字の棒に水平に渡された上段の棒が止まり木の役割を果たし、下段の棒にエサを取り付ける。エサを食べようとして鳥が上段の棒に止まると、トリガーが外れて輪縄付きの板がはね上がり、鳥が輪縄にかかる仕組み。

チプ（丸木舟）とアイヌの男性

現在の二風谷ダムの直下となっているポロモイ付近から、沙流川上流方向を撮影している。丸木舟は、おもに河川や湖沼で使われた。マンローによれば、丸木舟に適しているのは直径2フィート（約61cm）ほどのヤナギで、マンローが観察した昭和の初め頃には、このサイズのヤナギはほとんど見られなくなっていた。カツラも丸木舟に適しているが、ヤナギはカツラよりも軽く、耐性も優れているという。

イタオマチㇷ゚（板付け舟）の模型

丸木舟が河川や湖沼で使用されたのに対し、イタオマチㇷ゚は河川と外洋で使用された。丸木舟の舟べりに板をあて、それらを縄で綴り合わせて作られる舟で、櫂や帆で航行した。アイヌの人びとは、イタオマチㇷ゚を操って外洋に出て、漁撈や交易をおこなっていた。その様子は江戸期の絵画資料などに見ることができるが、マンローが調査した昭和の初め頃にはこの舟は見られなくなっており、若い頃に海に出ていた経験のある長老に、イタオマチㇷ゚の模型をいくつか作ってもらったという。マンローによれば、この模型は大ざっぱなものだが、3人のアイヌに個別に調査し、別の二つの模型を不合格として、写真に写っている模型をイギリスに送った。この模型は現在、大英博物館に所蔵されている。

第 3 章

祈り、祓い、死

ヘビの姿のイノカカムイ。イナウで作られている。
（マンロー撮影「イヨマンテ」35mmポジフィルムより）

Introduction

　すべてのものに魂があるとされるアイヌ文化では、人間に災いをもたらすものを退けるための、さまざまな祈りや方法が伝承されてきた。本章では、くらしの場である家に関わる儀式、病気や事故に関連する儀式やまじない、そして葬儀に関連することがらについて紹介する。

1　祈りの場としてのチセ

アイヌの家屋はチセと呼ばれる。家族が生活を営む場であると同時に、祈りの場でもある。その中心は、アペフチカムイ（火の姥神、カムイフチとも呼ばれる）の象徴である火が灯される囲炉裏である。チセを建てる場所が決まると、予定の敷地の東側に祭壇を設けて祈りの言葉を唱え、囲炉裏が作られる場所に3本の木で三脚を立て、炉かぎを吊るしてカムイフチに祈る。そして、この儀式を司った長老が、約7日の間にまったく夢を見なければ良い前兆とされ、そこにチセが建てられる。不吉な夢を見た場合には、祓いの儀式をしたり、別の場所に変更したりする。

チセが完成すると、親族や近隣の人びとを招いてチセノミという新築祝いがおこなわれる。長老による炉への初めての火入れ、家を守護するチセコロカムイという神を作って安置する儀式などがおこなわれる。

チセノミ（新築祝い）の一場面

悪霊を祓うため、ヨモギで作られた矢を数本、天井に向かって射る。写真の
チセは、マンローがアイヌの儀式を写真や映画で記録するために建てたも
ので、言わば、撮影用のセットである。弓を射る長老の足元に囲炉裏があり、囲
炉裏の奥の壁面に神聖な窓（ロルンプヤヲ）があり、そちらが東側となる。囲炉
裏には、本来は4本のチェホロカケプ（逆さ削りのイナウ）が立てられるそうだが、
写真では1本になっている。マンローは、儀式において、本来のにごり酒ではな
く日本酒で代用されるようになるにつれ、儀式が簡略化されてきたと言われてお
り、囲炉裏に立てられるチェホロカケプも、1、2本に減らされている、と述べ
ている。

チセノミ（新築祝い）の一場面

男性がオンカミ（礼拝）をし、女性がイヨマレ（酒を注ぐ）をする様子。アイヌの儀式で使われる酒には、ヒエとアワの2種類の穀物が用いられたが、マンローによれば、ヒエを原料とした酒の方が好まれたという。しかし、日本政府の政策によりこの酒を作ることが禁じられ、アイヌの人びとは強く嘆いていた。というのは、先祖供養やほかの儀式で欠くことができない古くから伝えられる飲み物を、先祖のカムイが味わうことができない、と人びととはいつも言っているとマンローは述べている。従来の酒が使えないことは、先述したように、儀式の簡略化や変更に影響していたようである。

チセ（家）

　チセを南側から撮影した写真。茅葺のチセで、本写真資料が歴博に収蔵され
　　た時の調査によれば、沙流川下流域の平賀のチセとされる。チセの西側に
は、玄関兼物置に使われる部分がある。南側には、西よりに小窓が、東よりに明
かり取りの窓が作られている。

プ（倉庫）とチセ（家）

　マンローによれば、内陸部の集落の通りの様子を撮影したとあるが、具体的な撮影地は不明である。右側手前は、食料を保存するプ（倉庫）である。ネズミや湿気から食糧を守るために高床式になっており、長い冬の生活を支える。チセの周りにはこのほか、子グマを飼育するための檻、便所、物干しなどが建てられる。

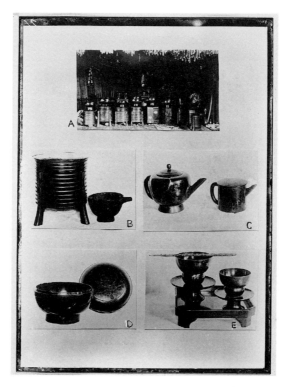

さまざまな漆器

　　の写真は、漆器について説明するためにマンローが作成した図版である。
漆器は古い時代から、和人との交易によってアイヌ文化にもたらされ、イ
コロ（宝もの）として、屋内の北東の位置に並べて置かれ、さまざまな儀式など
で使用された。

A：屋内の北東の位置に並べて保管されるイコロ（家宝）。B：左は、酒を醸す容
器として、また、穀物を入れる容器として用いられたシントコ（物入れ）。右は
片方に注ぎ口が付いたエトゥヌプ（酒器）。C：酒を注ぐ容器のエチユシ（酒器）。
蓋がついている。写真（97頁）で酒を注ぐ女性が使っているのはエチユシのよう
である。D：パッチは漆塗りの鉢の総称で、蓋付きのものや耳付きのものなど、
形や大きさはさまざまなものがある。E：酒を神に捧げる時に用いる受け台の付
いたトゥキ（椀）、イクパスイ、オッチケ（膳）。マンローによれば、この写真の
椀は、先祖の神々への挨拶の儀式で酒を捧げる時に用いられたものだという。

2 病気や災いをひきおこす 悪い霊を祓う

カムイに無礼な態度をとったり、供え物を
怠ったりすると、病気になったり、災いが
ふりかかったりするとされる。病気になる
のは、カムイたちの仕業によるか、または
悪い霊にとり憑かれたためだと見なされ
る。ふつうの病気の時は、効き目のある薬
草を選んで用いる。しかし重い病気にかか
り、その原因が悪い霊の仕業であると判断
されると、それを祓い、浄める儀式がおこ
なわれる。儀式は、囲炉裏での火の女神へ
の祈願に始まり、病人を、火や、ササなど
を束ねて作ったタクサ、川床の石、剣など
で浄め、病の原因と見なされる悪い霊を祓
い落とす。

病気の原因となる霊を判断する

病気になったことが夢でわかる場合があった。たとえば、女性がヘビの夢を見ると、ヒステリーによる神経痛、視覚障害、頭痛、麻痺、関節痛などの、健康を損ねる神経症になったことがわかる。こういう場合には、トゥスクル（巫者）を呼び、どのような悪霊の仕業であるのか判断してもらう。一番左の女性が巫者と見られる。

病気の原因がわかると、男性長老によって儀式がおこなわれた。この儀式は、祈りと、火、草木を束ねたもの、川床の石、剣、水などによる浄めを組み合わせておこなわれる。写真は、川岸で、悪い霊と戦ってくれるように、家の善神に祈る長老の姿である。川岸の祭壇には剣がかけられている。この剣は、儀式が始まる前に家の中の囲炉裏のそばに置かれてあったもので、マンローによれば、剣がアペフチカムイ（カムイフチ、火の女神）の代理となることができるよう、あらかじめ火の女神に祈願して、許可を得たものだという。この祭壇の近くには、川に直角の方向に、悪い霊の家として、高さ1mほどのワラ製のアーチが6個作られる。川からもっとも遠いアーチから順に火がつけられ、患者はその下をくぐり抜ける。すると、ふたりの女性が草木の束で患者の体を6回叩く。残りの5つのアーチを燃やして、その下をくぐり抜けるたびに同様にし、悪い霊を祓う。さらにその後、川岸に建てられた祭壇の近くで、二人の女性が草の束を手に持ち、それを川の水に浸してから、患者の体を叩いて浄める。草の束は、ほかの人に病気がうつらないよう、川の中に捨てられる。この写真は、マンローが住んでいた二風谷のオサツ沢と沙流川が合流するあたりで撮影された。

事故などがあったときの儀式か？

不慮の事故などで死者が出たり、火災があったりすると、列を作り、事故の現場まで行進するという儀式がおこなわれたが、この写真は、それを撮影したものではないかと見られる。マンローによれば、この儀式は次のようにおこなわれる。剣を下げた男性たちが前を歩き、女性たちがそれに続く。男性たちは1歩進むごとに剣を垂直にして持った腕を伸ばしたり曲げたりしながら、「ウォオ　オ、プフィ！」と声をあげる。女性たちは右手を前に突き出したり戻したりしながら「フサ！」と叫ぶ。行列が現場まで来ると、その周りを3度巡り、男性たちは剣であたりを叩く。そして、事故にあった人びととともに、そこに作られた小さな祭壇に短い祈りの言葉を述べ、事故にあった人の体を剣で撫で、祓い浄める。

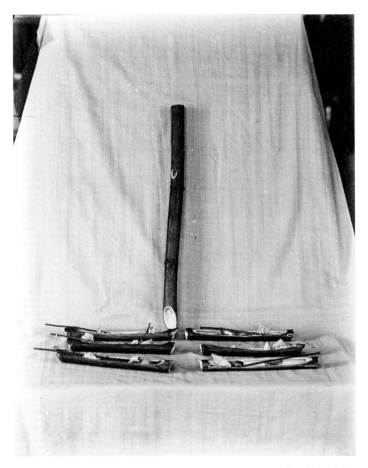

イタドリの茎で作られた舟

悪霊祓いの儀式が終わったあと、悪い霊がこの舟に乗って、もとの場所に帰ることができるように、退散の手立てとして作られた。

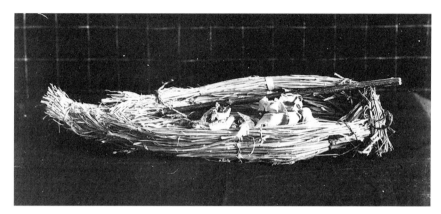

ワラで作られた舟

パ コロカムイ（天然痘や疱瘡）の神を村から出て行かせるために、供物を乗せて流すワラ製の舟。

3 強い呪力を持つイケマ

イケマはガガイモ科のツル性多年草で、アイヌ語名も日本語名も、イケマという。マンローによれば、北の地域ではこの植物はペヌプという名で知られており、とくに手を施さない状態のままでカムイと見なされていた。根は薬用に用いられるほか、魔除けに用いられた。

ペヌプカムイ（イケマの神）

悪性のはやり病が接近し、どうしようもないという時に、最後の手段として
作られる。人の形をしたものはペヌプトノ（イケマの王）、小鳥の形をした
ものはペヌプチカプ（イケマの小鳥）と呼ばれる。ペヌプトノの頭と胴はイケマ
で作られ、両腕と両足、そして手に持った槍はヨモギで作られる。ペヌプチカプは、
頭と胴はイケマ、頸と両足、翼はヨモギ。しかし、マンローのためにこれを制作
した長老は、この像を作るために、ヨモギを使うことについては、とくにわだか
まりを見せなかったが、イケマを使うことをとてもためらったので、マンローは、
イケマの根によく似た別の植物の根を使って作るように頼んだという。イケマは、
それだけ強い力があると考えられている。

ペヌプカムイ（イケマの神）を送るための祈り

　写っているのは、長老レンヌ
　　イケシ。彼は、マンローの
研究に協力してこの像を作るのに
イケマを使うことを恐れ、イケマ
を使わなかったが、それでもな
お、マンローと自分の家族に災い
が降りかからないように祈る儀式
を、マンローに告げることなくお
こなっていたという。

4 葬式と墓

亡くなった人の魂は、地下の世界、あるいは、神々の住む世界に行くと考えられていた。マンローによれば、善人の魂は先祖の元に戻り、悪人は戻るところがないので、多くの場合、幽霊になると考えられていたという。また、強い不平不満・恨みをもって死んでいったものも、先祖たちのところではなく、幽霊となって、不吉な夢を見せたり、人びとを重い病気にしたりすると考えられていたという。

マンローが二風谷で観察した葬儀の様子は、次のようだった。

誰かが亡くなると、親族や親しかった人が呼び集められ、葬儀の準備をするほか、死を知らせる使者を送った。食べ物の準備もすぐにおこなわれた。葬儀に欠かすことのできない干し魚や、葬儀の手伝いにやって来た女性たちが持ち寄ったヒエで粥を作ったり、アワで団子を作ったりした。亡くなる前、食事ができなかったことで弱っている死後の魂に、活力を与えるためだという。

そして、身内で死者を悼む。亡くなった人の家族の中の長老が、故人の肉体を離れた霊を守ってくれるようにカムイフチ（火の女神）に祈り、遺体に向かって哀悼の意を述べ、冥福を祈る。身内のものたちは、皆、声をあげて泣く。女性たちは、「オー、ヨヨポタ」（ああ、なんといたましいことか）という言葉をくりかえす葬送の哀歌を歌う。

死者は、頭から足の先まで水で洗

われ、死装束が着せられる。マンローの観察では、着物は2枚で、1枚は、右側の襟が左側の襟の上になるように着せ、もう1枚は、裏返しにして体の上にかけるという。死者には、切り伏せ刺繍をした単衣の晴れ着カパラミプが着せられた。萱野茂によれば、きれいな肌着と着物を着せてから、故人の着物1枚を、うしろ襟が故人の顎のところにくるようにして着せかけ、その上からカパラミプを着せかけるという。

近親者や弔問客たちが参列して葬儀がおこなわれる。葬儀では、故人の近親者、長老、弔問客たちが互いに哀悼の意を示す挨拶を交わしたり、故人への別れの挨拶をしたりする。この儀式が終わると、全員屋外に出て水で手を洗い、それから葬儀の宴となる。長老は、火の神へ祈願し、故人に向かって涙ながらに言葉をかける。語りかけが終わると、遺体に着せた衣服を数カ所切り裂き、遺体をござにくるんで墓地へ移動し、埋葬する。

葬儀の際、死者が身につける衣装など

死者に着せる着物は白地の布に切り伏せ刺繍をしたカパラミㇷ゚とされた。マンローによれば、ホㇱ（脚絆）は、かつてはシナノキの樹皮からとった繊維で作られ、テクンペ（手甲）は毛皮で作られていたが、マンローが観察した時代は、どちらも和製の布で、木綿の生地で作られていたという。故人があの世へ行ってから生活に困らないようにと用意される副葬品を背負って持って行けるように、それらを入れるカロㇷ゚（袋）とタㇻ（背負い縄）が用意される。副葬品は、故人が生前使っていたもので、男性の場合は、矢と矢筒、弓などの狩猟や漁の道具、マキリ（小刀）、煙管と刻みタバコなど。女性は、機織り道具や縫い物の道具、食器など。それらを壊したり傷つけたりして一緒に埋葬する。

オッカヨクワ（男性用の墓標）　　　　　　メノコクワ（女性用の墓標）

　マンローによれば、二風谷では、墓標は先祖を祀るための棒状のイナウに代わるものと認識されており、故人を追悼するというよりも、故人の霊を悪霊から守る機能があるのではないか、としている。萱野茂によれば、死者はこれを杖にして神の国へ導かれるという。マンローは、二風谷の墓標には、直径15〜20cmのものも見られるが、たいてい、直径8〜10cm、高さ150cmほどの大きさだとしている。男性の墓標の上部は槍をかたどったもの、女性の墓標の上部は針をかたどったもので、丸く平たく削られ、中心に穴を開けて黒い布を通して縛り付ける。

第4章

マンローとアイヌ研究

イヨマンテで、祭壇越しに矢を放つ場面

1 マンローが二風谷に移り住むまで

1863 年 6 月 16 日、ニール・ゴードン・マンローは、スコットランドのダンディー（Dundee）に生まれた。1879 年、エジンバラ大学に入学し、医学を修める一方、考古学に強い関心を寄せていたようである。当時の考古学界は、人類の起源や進化のプロセスを解明しようと、アジアへ目を向けていた。マンローも、こうした学界の動向に敏感であったのだろう。大学卒業後、インド航路の船医として働き始めると、インドでの帰港中に発掘調査などをおこなった。

　マンローは 1891（明治 24）年、横浜に至る。彼が日本にやってきた目的ははっきりしていない。桑原千代子によれば、インドで体調を崩し、療養を目的に横浜に上陸して山手地区にある外国人専用のゼネラルホスピタルに入院し、回復後は同病院の 8 代目病院長に迎えられたとされるが、在留外国人の名簿などを精査した研究によれば、マンローは同病院で働いた時期はあるが、院長だった事実はなかったとされる（青木・伊藤 2006）。マンローは、病院や自宅に診療所を構えるなどして、横浜を中心に医師として働き、当時の日本の外国人社会の中で、さまざまな人、たとえば、バジル・ホール・チェンバレンやエルヴィン・フォン・ベルツなどと交流をもった。医業の傍ら、三ツ沢貝塚（横浜市神奈川区）などで発掘を試みたり、日本各地を訪れて調査を実施したりして、日本の先史時代の研究を精力的におこない、1908 年、『Prehistoric Japan』を刊行した。日本で初めての写真図版を豊富に用いた考古学概説書であること、英語で書かれた日本で初めての考古学の本格的概説書であること、トレンチ法

を採用し、貝塚の分層発掘を日本で初めて試みたこと、などにより高く評価され、マンローの代表作として現在も読み継がれている（横浜市歴史博物館2013）。

　マンローは、なぜ、先史時代についての研究から、アイヌ文化の研究へと移行していったのか。

　ヨーロッパの人びとのアイヌ研究にもっとも大きな影響を与えたのは、出島の商館付き医師フィリップ・フランツ・フォン・シーボルトだとされる。シーボルトは、アイヌ民族はアジアの西方から黒龍江流域を経て日本に渡ってきた人たちで、日本列島に先住し、のちに朝鮮半島から渡ってきた現日本人から北に追い詰められた、と考えた。シーボルトの次男ハインリッヒ・フォン・シーボルトもその説を受け継いだ。また、アイヌ民族がヨーロッパ人の遠い親戚であるとの考え方が生まれ、頭蓋骨の比較研究などがおこなわれた。こうした学説に刺激され、当時、各国に新設された民族学博物館では、アイヌ民族とアイヌ文化に関する資料が収集された（クライナー 1993）。

　日本もその動きに触発され、1884年に人類学会が設立されると、日本人の起源問題が主要な課題として議論された。マンローは三ツ沢貝塚から出土した人骨の分析結果に基づいて、そうした議論に参加し、日本列島に先住したのはアイヌ民族の先祖であるという立場を支持した。その根拠の一つに、アイヌの衣服などの装飾文様が、先史時代の土器文様と相似することをあげた。1907年には北海道日高国沙流郡平取村（現在の平取町）を訪れ、アイヌ文様のある資料を収集して、石器時代の土偶の文様と比較検討をおこなった（手塚2002）。

しかし、マンローのアイヌ文化についての関心は、文様に限定されていたわけではなかった。たとえば、『Prehistoric Japan』において、アイヌのクマ送り儀礼を、神との霊的な交わり（communion）と捉える見解を示しており、アイヌの精神文化への関心をうかがうことができる（Munro 1908）。

　1909（明治 42）年から 1914（大正 3）年にかけて、アイヌ文化に関して収集した民族学資料を国立スコットランド博物館に寄贈したのち、マンローはさらにアイヌ文化についての研究を継続する。1915 年、釧路を訪問し、発掘調査のほか、春採でクマ送りを撮影した。また 1916 年には、クマ送り儀礼について「The Ainu Bear Festival」と題して日本アジア協会で講演したほか（4 月 26 日講演、『The Japan Advertiser』1916 年 4 月 30 日号に掲載）、同年と翌 1917 年には、白老に長期滞在してアイヌ文化の調査を実施した（出村 2006）。

　こうして蓄積した調査・研究の足跡は、1923（大正 12）年の関東大震災によって、その多くが灰燼に帰してしまった。

　マンローのアイヌ研究は、イギリスの人類学者チャールズ・セリグマンとの出会いが大きなきっかけとなって、本格化したようである。1929（昭和 4）年、来日していたセリグマンは、マンローを軽井沢に訪ね、日本アジア協会におけるマンローの未刊の講演論文を読んで、これを価値ある研究と高く評価し、マンローにアイヌの人類学的研究を実施するよう勧めたという（1936 年 12 月 25 日付、谷万吉宛書簡、北海道立文書館所蔵）。

　マンローは、セリグマンの協力によりロックフェラー財団の研究助成金を受けて、1930（昭和 5）年、北海道平取町二風谷に 4 ヶ月にわたって滞在し、研究を進めた。この調査期間中に撮影したのが、第 1 章で紹介したイヨマンテの

マンローの協力者であるシランペノ、アンレトゥ夫妻

映画である。イヨマンテの挙行には、二風谷のアイヌのリーダーであるシランペノと、妻アンレトゥが協力した。マンローが二風谷を研究の場として選んだのは、アイヌの人びとの家が他地域に比べて密であり、また、二風谷の美しい風景が喜ばしかったからだと述べている（1936年12月25日付、谷万吉宛書簡、北海道立文書館所蔵）。

　翌1931（昭和6）年には、二風谷に土地を購入して移住し、以後、夏の間は軽井沢で診療活動をおこなって、二風谷での生活・研究・医療活動のための資金をつくった。セリグマンや谷万吉（マンローと親交のあった北海道庁職員）に宛てた書簡によれば、二風谷でのマンローの生活は、決して楽なものではなかった。1932年、二風谷に自宅を建設中、仮住まいを火災で失った。また、戦時体制が強まる中、スパイと噂され、不愉快な思いをすることも少なくなかった。二風谷の自宅の売却を考えることもあった。それでも、1942年に息をひきとるまで、マンローは生涯を二風谷で過ごした。二風谷では、地域の人たちに無償で医療を提供し、地域の人たちから大きな信頼と尊敬を得た。

2 マンローの関心

マンローは、セリグマンに宛てた手紙で、二風谷での研究計画について述べている（1931年2月10日付、RAI所蔵）。列挙されている研究テーマは以下の通りである。

1　アイヌとその家屋
2　アイヌの宗教の特徴と目的
3　イヨマンテ
4　受胎、妊娠、分娩
5　病気（薬草、呪術的治療など）
6　イム（一種の神経症的な症状）、トゥス（シャーマニスティックな儀式）に関する精神分析的研究
7　舞踏性の躁病

マンローの関心が、生活、習慣、宗教など広範に渡っており、とりわけ、宗教やまじない、精神の活動の外在化などに強い関心をもっていたことがうかがえる。マンローが収集したモノ資料の特徴を分析した出利葉浩司によれば、この時期にマンローが収集したアイヌ関係資料は、儀式やまじないなどの信仰に関わる資料が多く含まれるほか、数は多くないが、狩猟・漁撈・収穫用具、船や家の模型などの日常生活に関連するものが含まれており、マンローが二風谷

の住民の一人として生活しながら、アイヌの人びとと長期にわたって信頼関係を築いたからこそ収集できた資料であるとされる（出利葉 2002）。この特徴は、マンローが二風谷の生活において残した映画・写真資料にも見られる。

3 マンローのイヨマンテのフィルム

　1930（昭和5）年の二風谷での調査のおりに撮影されたのが、本書第1章で紹介したイヨマンテである。マンローは研究のために、二風谷の人びとにイヨマンテを挙行してもらい、それを撮影したということは、第1章で述べた通りである。

　イヨマンテを撮影するために建てた家の写真も残されている。撮影に必要な明かりを取り入れるために、屋根の一部を葺かないであけたままにしてある。当時、二風谷には電気がきておらず、室内の様子を撮影するためには、このような工夫が必要だった。いわば、撮影スタジオのようなものを作っての撮影だったのであり、二風谷のアイヌの人びとが、自らの必要性でおこなった儀式ではなかったことが明らかである。

　マンローは、映画イヨマンテを製作するにあたり、京都の大沢商会の技術協力を得た。大沢商会は、ベル・アンド・ハウエル（Bell and Howell）社の映画機材を取り扱っていた企業であり、当時、最新型のプリンターを取り入れたり、トーキー用貸しスタジオを作るなど、新しい映画技術を提供する企業だった。マンローは大沢商会からプロのカメラマンを派遣してもらい、ベル・アンド・

ハウエル社製のアイモ（Eyemo）という 35mm フィルムカメラを、少なくとも 2 台用いて、イヨマンテを撮影した。本書第 1 章に用いた画像は、大沢商会のカメラマンたちが撮影した 35mm 撮影ネガフィルムから作成されたポジフィルムと考えられるものから取得したものである。

　マンローは、35mm のイヨマンテのフィルムを 16mm に縮小し、字幕を付けて作品を完成させ、1932（昭和 7）年、イギリスに送った。同じ時に作成してマンローが手元に残したと考えられる字幕付き 16mm 版イヨマンテは、北海道大学に伝えられている。字幕付き 16mm 版イヨマンテには、歴博の字幕なし 35mm 版に存在しないシークエンスが 1 箇所ある。「クマはまだ 2 歳だが、愛情深く飼育され、人に慣れている。しかし吠えたてるイヌは、かぎ爪のある獰猛そうな足を信用していない」（37 頁）という字幕のシークエンスで、クマの檻からのぞいているクマの爪をアップで撮影したショットと、檻に向かって吠え立て

太い木材を馬車で運ぶ（歴博所蔵35mmフィルムより）

　ているイヌを撮影したショットは、歴博の35mmフィルムには存在しない。お
そらくこのショットは、マンロー自身によって16mmフィルムカメラで撮影さ
れたもので、16mmで編集作業をする中で挿入されたと考えられる。
　反対に、歴博の35mmフィルムにしか残っていないショットも数多い。1930
（昭和5）年当時の変わりつつある二風谷の風景や、クマを解体する場面を撮影
したショットである。前者の要素については、アイヌ文化と直接関係ないとい
う理由で、また、後者の要素については、それを見せることで、アイヌ文化が
野蛮なものだとの誤解を生むことを懸念したために、マンローは使用しなかっ
たのかもしれない。イヨマンテの映画を見る人に、アイヌ文化をどのように伝
えたかったのか、残されたフィルムの比較によって、マンローの試行錯誤のあ
とをうかがうことができる。
　イヨマンテの35mmフィルムが、マンローの死後、どういう経緯をたどった

のか、不明な点は多い。現在わかっているのは、東宝映画の関係者から東京オリンピア映画社の手に渡り、東京オリンピア映画社はそれを再編集して『イヨマンデ―秘境と叙情の大地で』（1965年、27分、監修：金田一京助・鷹部屋福平、企画・製作：柏木剛、考証・構成・脚本：尾形青天）を製作した。歴博には、1979（昭和54）年、『イヨマンデ―秘境と叙情の大地で』の16mm版が納入される際、オリジナルの35mmフィルムも合わせて納入されたという（内田2009）。

4 そのほかのマンローのフィルム

　1930（昭和5）年に始まる二風谷におけるマンローの研究期間中、1930年代中頃までの間に、病気の原因となる悪い霊を祓う儀礼、呪術的治療、さまざま

な踊りなど、先述した研究計画にほぼ合致するような研究対象を、マンローは映画で撮影した。撮影は、マンロー自身も 16 mm フィルムカメラでおこなったほか、1934 年初夏と 1935 年初秋の少なくとも 2 回は、イヨマンテ同様、大沢商会の協力を得て、職業的カメラマンによる 35 mm フィルムカメラによる撮影がおこなわれた（岡田 2011）。

　その撮影について、マンローは 1933（昭和 8）年 8 月 24 日付のセリグマン宛の手紙（RAI 所蔵）で、来たる秋に、映画の職業的カメラマンを呼び、呪術的・宗教的な活動についての映像記録を作成する計画であり、マンロー自身が所有しているライカのほか、「ベル・アンド・ハウエルの 16 mm フィルム用映画カメラも持っているので、35 mm 機がフィルム装填をしている間は、これを使うことができます」と述べている。マンローは、複数台の映画用カメラを用いることで、時間的経過の中でおこなわれることを、フィルムの装填をしているうちに撮り逃すことがないように準備したのである。またセリグマン宛の別の手紙では、イヨマンテの撮影と同様、採光用に屋根があいているアイヌ家屋を 1 軒建てていること、スチール写真は、本や記事の図版用に重要だが、呪術的宗教や踊りなどの特徴を実物通りには撮ってくれない、などと述べている（1934 年 5 月 17 日付、RAI 所蔵）。

　マンローは、儀式や踊りなどの一連の動きや、そこで生じる身体上の変化を研究の俎上に乗せるために、スチールよりも映画が適していると考え、イヨマンテ同様、それ以降の映画の撮影においても、用意周到に準備をして撮影に臨んでいたことがわかる。マンローの映画を用いた研究のほぼ全容を伝えるこれらのフィルムは、現在、北海道大学に所蔵されている。

5 歴博の「北海道沙流川アイヌ風俗写真」

　歴博が所蔵する「北海道沙流川アイヌ風俗写真」（F-387）は、1979（昭和54）年、「国立歴史民俗博物館（仮称）資料買取委員会」での審議を経て、資料として収蔵されたものである。ネガ390件（うちガラス乾板323件、ニトロセルロースフィルム67件）に、1件のアルバムが付属している（アルバムについては森岡健治の研究〈森岡2011〉を参照）。

　ネガ390件のうち、マンローの生前に撮影されたと推定できるのは349件である。撮影内容から分類すると、右表の通りであり、マンローが収集したモノ資料、撮影した映画資料同様、中心を為すのは、儀礼・信仰に関わるテーマである（内田2011）。

　これらの中には、マンロー自身が撮影した写真のほかに、1928（昭和3）年に平取に写真館（冨士写真館）を開業した冨士元繁蔵が、マンローから依頼を受けて撮影したものも多く含まれている。マンローと冨士元の関係がうかがえる記述が、マンローのセリグマン宛書簡に見える。

　　　私が撮ったウプソロクッ（結婚の時に花嫁の母親やおば、祖母などの女性親族が花嫁におくるお守り紐。引用者注）の写真は、願っていたほどには大して鮮明ではありませんでした。パンクロマチックの乾板しか持っておらず、頼りになる灯りもまったくなかったので、乾板を汚してしまう減感剤を使わなければならなかったのです。また、それらの乾板を赤色光のそれ

儀礼・信仰関連	157 件	イヨマンテ関連	58 件
		新築儀礼関連	18 件
		悪霊祓い関連	21 件
		その他の儀礼	4 件
		イナウ	35 件
		カムイ	8 件
		葬儀	3 件
		イヨマンテ以外の祭壇	2 件
		パスイ	2 件
		その他	6 件
人物	104 件		
生活・生業（含物質文化）	58 件		
図版用組写真	26 件		
音楽・踊り	3 件		
考古関連	1 件		

　ほど近くには、あえて持っていかなかったので、むしろ現像不足にしてしまったのです。今朝、ちょうど別の写真を撮っていたところ——日曜日は撮影のための日なので——写真家が早くから不意に姿を見せたのですが、私は彼を信用しようと決めました。それで、私たち二人で写真を撮りました（年不詳 3 月 18 日～ 19 日付、RAI 所蔵）。

　ウプソロクッは、母から娘へと密やかに受け継がれていくもので、その編み方は、母系の系統によって異なるとされる。マンローの医師としての仕事のパートナーであり、かつ妻でもあったチヨは看護師であったので、二風谷で女性の診療をするうちに、チヨがこの帯の存在に気づいたとされる。誰の目に触れても良いものではないため、それを撮影すること自体、秘密裡におこなわれた。マンローが撮影のための日と決めていた日曜日に、不意に朝早くやってきた写真師・冨士元を信頼して、マンローが自身で撮影した時に十分な明かりがなく、鮮明に撮れなかった同資料の撮影を、二人で進めたものと考えられる。

6 マンローの死とその後

　1942（昭和17）年4月11日、マンローは自宅で永眠した。妻のチヨ、元妻の高畠とく、フォスコ・マライーニ、福地健二医師が臨終に立ち会い、14日、自宅で告別式がおこなわれ、翌月、二風谷に埋葬された（出村 2006）。同年8月23日に軽井沢で慰霊祭がおこなわれ、軽井沢の墓地に分骨された（桑原 1983）。

　マンローが研究において製作した映画は、同年10月、北海道大学北方文化研究室がチヨから購入した（出村 2006）。

　二風谷のマンローの屋敷は、一度個人に売却されたが、1965（昭和40）年、イギリス文化振興会のE.W.F.トムリン、イギリス大使館参事官J.フィゲスが買い戻して北海道大学に寄贈し（出村 2006）、現在、北海道大学文学部二風谷研究室となっている。1975年には、地域の住民が中心となり、旧マンロー邸の敷地内にマンロー博士記念顕彰碑が作られた。2002年に開催された「海を渡ったアイヌの工芸—英国人医師マンローのコレクションから—」（2002年4月26日～6月9日：北海道開拓記念館、同年7月27日～9月1日：神奈川県立歴史博物館）をきっかけとして、二風谷においても、住民とマンローとの関係の再構築がはかられ（吉原 2011）、マンローを偲ぶイベントが、現在も二風谷の住民の手でおこなわれている。

7 マンローについてもっと知るために

　マンローが生前、チャールズ・セリグマンに送っていたアイヌ文化についての論考は、マンローの死後 20 年経ってから、セリグマンの妻ブレンダの編集によりイギリスで出版された（Neil Gordon Munro, 1962, *AINU Creed and Cult*, Routledge & Kegan Paul）。本書は 2002 年に邦訳が出版されている（小松哲郎訳『アイヌの信仰とその儀式』国書刊行会）。ブレンダ編の *AINU Creed and Cult* に収載されなかった論考は、1994 年、Birgit Ohlsen の編集により、"Ainu Material Culture from the Notes of N.G. Munro in the Archive of the Royal Anthropological Institute"（Occasional Paper, vol.96, British Museum）に収載された。いずれも、マンローのアイヌ研究を知る上で、必読の文献である。

　イギリスから日本への渡来、横浜や軽井沢での医師としての生活、考古学とアイヌ文化についての研究、4 度にわたる結婚など、マンローの複雑な全生涯について、マンローの最後の妻チヨや、マンローを知る人びとからの聞き取り調査と関係資料をもとにまとめた桑原千代子『わがマンロー伝──ある英人医師・アイヌ研究家の生涯』（1983 年、新宿書房）は、マンローについて、今となっては知ることができないさまざまなエピソードを伝えるもので、マンローを知る上での基本文献の一つである。ただ、不正確な記述もあり、のちの研究によって指摘・修正されている。

　マンローのアイヌ研究の特徴が、日本・イギリスに残されたマンローのコレクションから初めて明らかにされたのは、前述の展覧会「海を渡ったアイヌの

工芸―英国人医師マンローのコレクションから―」においてであった。同展の図録（2002年、財団法人アイヌ文化振興・研究推進機構）に掲載されたコレクションの資料画像、手塚薫・出理葉浩司などによる論考は、マンローのアイヌ研究を知る上で欠かせない成果である。

　マンローの足跡に関わる関連資料、マンローが執筆したもの、マンローについて書かれたものなどを網羅的に調査しまとめた出村文理編集・発行の『ニール・ゴードン・マンロー博士書誌―帰化英国人医師・人類学研究者―』（2006年）は大変な労作で、まさにマンローについての基礎研究というべきものである。

　マンローの映画についての研究は、北海道大学に伝えられたマンローのフィルムについて、1970年代から90年代にかけて財団法人下中記念財団EC日本アーカイブズの岡田一男がおこなったフィルムの整理に始まる。岡田は二風谷の萱野茂の協力により、マンローの映画と『AINU Creed and Cult』の記述、そして萱野の解説に基づいて、ビデオ映像「アイヌ　北海道二風谷における悪霊払いの儀礼　ウエポタラ」と「アイヌ　北海道二風谷における家の新築祝いチセイノミ」を製作した（1992年）。

　歴博が所蔵するイヨマンテの映画フィルムと写真の研究は、岡田一男の助言により、私が映画と写真を携えて二風谷に萱野茂・貝澤耕一両氏を訪ねたことから始まった。映画フィルムを中心にした研究成果は、歴博研究映像「AINU Past and Present ―マンローのフィルムから見えてくるもの―」（監督：内田順子・鈴木由紀、制作：内田順子・岡田一男、撮影：谷口常也、製作・著作：国立歴史民俗博物館、製作協力：東京シネマ新社、2006年）にまとめられた。

　この映像作品をまとめることから発展したのが、日本・イギリスに所在する

マンロー関係の映画・写真のデジタル化プロジェクトである。その成果は、『国立歴史民俗博物館研究報告』（168、特集：マンローコレクション研究—写真・映画・文書を中心に—、2011年）においてまとめている。

　マンローの考古学研究については、展覧会「N.G.マンローと日本考古学」（2013年4月6日〜5月26日：横浜市歴史博物館）において、岡本孝之などによる近年の研究成果を踏まえ、日本の考古学の黎明期におけるマンローの学問的貢献が示された。考古学におけるマンローの再評価も、さらに進んでいくものと期待される。

"The KAMUI IOMANDE or DIVINE DESPATCH commonly called The AINU BEAR FESTIVAL"

英文字幕

・英文字幕は、マンローがイギリスに送った16㎜フィルム版による。
・内田による補足は ［ ］内に示した。
・大文字／小文字は原文のままとする。

イヨマンテで、クマの魂を送る最後の儀式ケオマンテを撮影するカメラマン

The KAMUI IOMANDE or DIVINE DISPATCH commonly called The AINU BEAR FESTIVAL

As observed by DR. GORDON MUNRO

The Ainu

As hunters in the stone age, the Ainu migrated to Japan from somewhere in western Asia or—possibly from Europe. Ainu place-names and vestiges of their culture occur all over Japan. Their language is most expressive and exhibits psychical refinement. The prehistoric Ainu made highly artistic pottery and implements of exquisite finish. But they had little use for the land of Japan, which they hardly cultivated at all. Consequently, their scattered communities had to give way when faced by the tide of agriculture with its teeming population, superior resources and higher achievements. By present education and force of circumstance the few Ainu still extant are rapidly adopting modern culture.

Ainu Religion

Most Ainu still believe that all action around them is a kind of behaviour, that force is somehow influenced by purpose in the operations of nature as it is in human beings. This view of the world has been called animism, because throughout the world remarkable things and event have been attributed to spirit beings. Since the unseen beings thus inferred are generally supposed to exercise power and to do things above human capacity, the Ainu call them *Kamui,* a word that means superior or extraordinary. *Kamui* may be favourable or harmful, but the former are more potent than the latter and will overcome them when properly approached with offerings and correct forms of supplication.

The Bear Festival

The bear is not the chief god of the Ainu. But it embodies such strength, courage and intelligence in flesh which is sustaining and agreeable to the Ainu that it provides a convincing incarnation of *Kamui* as god in the mountains. The *Kamui Iomande* or sending away of the spirit, like many similar celebrations and festivals in Europe and elsewhere, involves the death of the body—usually eaten at a communal feast—while the spirit goes free to return in another incarnation for the benefit of its worshipers.

Ongami

Means worship, but familiarly implied a special gesture of reverence. The hands of an Ainu man are held out in front, gently rubbed together, separated with palms turned up, raised to the forehead, then brought down by stroking the beard. Ainu women draw the fingers of the right hand from the fingers of the left hand up along up that arm and across the tattooed upper lip.

Inau

Are wands cut from living trees and whittled to special forms, often with finely curled shavings. *Inau* perhaps stand for human forms and are certainly thought of as bodies for spirit influence. *Inau* are not only offerings to gods but serve as messengers, a double purpose, possibly retained from ancient human sacrifice as in other parts of the world.

Shutu Inau

Are bodies for ancestral spirits. Usually four are dedicated to one deity, but several groups of six may be mobilized against evil spirits.

Hash Inau

Hash means shrub. These *inau* are set up for the sylvan deity or spirit of the woods who protects and helps the hunter. A sprig or small branch betokens their function.

Chehorokakep

Anciently, perhap[s], a symbol of generation and vitality, is credited with some capacity for retaining spirit influence. *Mawe* is an Ainu word for magic force, whether put to good or bad use. Amulets, found all over the world, vaguely retain something of this notion. The *Chehorokakep* is the only *inau* burned at the hearth of *Kamui Fuchi*.

Inau Netoba

There are two kinds of these "body" *inau*. The elegant *Kikeparase* with out-spread curls is the beau ideal, this form being thought appropriate even for the body of a god. Two deities in this kind of effigy take part in the Bear Festival. The other *inau netoba*, the *Kikechinuye inau*, is not only offered to outer gods, but at this festival stands near the hearth, as the *Chisei-koro-inau*, a household *inau* of some spirit influence.

Chisei-Koro-Kamui

Or householding *Kamui*, the only permanent deity embodied in *inau* form, must not be confused with the household *inau*. A cinder from the hearth is tied on for a heart. The mouth is represented by a slit on top. He protects the households, standing in the North-east corner of the dwelling.

Chikube-ni Kamui

This spirit is provided with a body to be used less permanently and for a special purpose. The effigy has the strong smell of the tree after which this *Kamui* is named, and which is thought to be repulsive to evil spirits. Hence this deity is employed here as protector of the bear-cub.

Tushok-ni

Is a pole firmly fixed in the ground, to which the bear is tied when killed by arrows. By a hoop round it also, a two-year-old bear may be restrained when savage. Like the Maypole of England, this one is dressed with evergreens representing life. The *Chehorokakep* is inserted on top after it has been dipped in the blood of the slain god, likewise an emblem of resurrection or regeneration by undying spirit.

Shirikura Inau

Are shaped like *Shutu*-ancestral *inau* but have a *Kikechinuye inau* on top. An evergreen crown indicates immortality of the bear-god, whose head is graced by these *inau* before the spirit takes its departure after the festival.

Ikubashui

Have been called mustache-lifters because often used as such when drinking ceremoniously.

They are really message sticks, provided with a "tongue", but also serve to pass the drink to the *Kamui* by sprinkling it on their respective *inau*.

Kike-ush-bashui

Are made specially for the bear festival and not used again. Like some *inau*, they are provided with *rap* or wings that waft praise or wishes to the spirit powers.

Hebere-ai

Are specially decorated and practically harmless arrows, many of which are shot at the young bear, usually a yearling called *hebere*. Occasionally, as in this case, the bear is two years old, then called *riap* or *piurep*. Such arrows are probably intended for magic defense against *wen-kamui* or evil spirits.

Nusa

Are groups of *inau*, whether of one or several kinds. Each of the higher deities or spirit powers has a definite number and kind of *inau*. *Inau* in *nusa* clusters or groups are arrayed outside the sacred East window of Ainu houses.

Diagram of *Nusa*

MURU KUTA NUSA OF NUSA KORO KAMUI

1	Kike-chinuye Inau
4	Shutu Inau
1	Chehorokakep

RAM NUSA OF SHIRAMBA KANUI

4	Shutu Inau
1	Kikeparase Inau
1	Chehorokakep

NUSA OF HASH-INAU-UK-KAMUI

4	Hash Inau
1	Kikeparase Inau

GREAT NUSA OR INAU CHIBA

2	Kikechinuye Inau
4	Shutu Inau
2	Kikeparase Inau

NUSA OF WAKKA USH KAMUI

1	Kikechinuye Inau
4	Shutu Inau
1	Chehorokakep

Kamui

Are spirits innumerable, but *Pase Kamui*—"weighty" or true *Kamui*—are few. Not all well-disposed *Kamui* are called *Pase Kamui*, but two are eminently so and must be mentioned even in this slight sketch.

The first is commonly spoken of as *Shiramba Kamui,* the great World Spirit of the Ainu, the "Holder of Space" and generator of vegetation, if not all life on earth. This spirit is vaguely regarded as pervading the world, and various lesser *Kamui* are supposed to be his agents.

The second *Pase Kamui* is *Kamui Fuchi* or *Abe Kamui*, Divine Ancestress or Goddess or Fire. She is not fire itself but the spirit ancestress who keeps the home fire burning. Like the Greek Hestia or the Roman Vesta, she is the divinity of hearth and home. *Kamui Fuchi* is the most revered and most trusted of all Ainu deities, besought before approaching the others.

One word more—*ramat*. This means mind, soul or spirit and is the very core of Ainu religion. The Ainu does not "bow down to wood or stone", but to *ramat*, to spirit which animates, pervades and accomplishes all. In each event the Ainu sees—as Wordsworth saw—
"A motion and a spirit that impels
All thinking things, all objects of all thought,
And rolls through all things".
Should we find ideas and actions in the Bear Festival that seem behind the times, it is good to keep them in mind. Let us then ask, with this same "Nature poet"—
"These old credulities to Nature dear,
Shall they no longer bloom upon the stock
Of History?"

Preparing for the Festival

Millet, ground in wooden mortars previously washed, is made into dumplings, which are boiled, cooled and pounded. Large ones are made for the god and spirit relatives, and smaller ones for Ainu guests. These are perforated in the centre and filed on sticks, even numbers being avoided as unlucky. Small cake-balls are also made to be thrown as confetti.

The Preliminary Service to Benevolent Deities

The day before the main festival, friends gather at the house of the festival host, having usually contributed some food for the occasion. *Kanui Fuchi*, goddess of the hearth, is first besought, with offerings, for approval and protection. Then other household and outer deities are solicited in turn.

Outside the sacred window are fences supporting the special kinds of *Inau* set up as offerings and means of spirit communication.

At this family shrine the *Kamui Nomi*—divine service—is continued from indoors to the circumambient spirit powers in whom the Ainu put their trust. In gala dress and head-band of sacred curled shavings with emblem in front they offer ceremonial drops of beverage—libation—to the gods, and quaff the rest.

Stage Set For The Drama

A large hut is erected for the occasion, an old custom now rarely observed. The *tushok-ni*—lying post—is ready with its garland of evergreens, signifying immortal life. Festival *nusa* are in course of preparation.

Ekashi—elders—with assistants, set up the proper array of *Inau* in groups—*nusa*—allotted to each deity. All benevolent gods are petitioned to come and bless the festival with their presence. The Ainu and their gods meet to celebrate the great event of *Kamui Iomande*.

Notice the evergreen of fir and bamboo grass at the great *Nusa* proclaiming undying life of the spirit.

Vessels of Japanese lacquer with food and drink are set out. Backed by a mat of sacred design, ceremonial swords are hung on the wall. These are as necessary in approaching high deities on such occasions as is the European dress sword at high functions.

Women prepare skewers for files of smaller cakes. Children carry files of millet cakes to the Great *Nusa*, called *Inau Chiba* or copious *Inau*. There the head of the slain bear will be raised, and gifts must be ready for the spirit departure.

With soup boiling, dishes prepared, the *inau-korashkoro*—millet beer—or a substitute, poured into the great vessel, and four special cups on a stand upon a sacred [sacred] mat, all is ready for the feast. The host begins to receive early guests.

Sight-seers gather from near and far

The bear cage

Chikube-ni Kamui, the guardian spirit, in body of *inau* form with strong odour, occupies the corner of the cage, ready to repel evil spirits.

Though two years old, kindness has tamed it thus far. But the barking dog mistrusts that savage-looking paw.

An Ainu offers prayer and drops of drink to the dear divinity. With lightning rapidity the god snatches the libation stick.

Noosed from above and secured by strong but flexible cords, the bear now leaves the cage from below.

Roaring, but more astonished than ferocious, the bear is guided by expert hands to the scene of its last career.

Awaiting the god and greeting the arrival

The *Shinot*—"Amusement"

The bear is supposed to have a good time, running about outside. Branches of fir tree brush away evil influence, an old custom in Europe, not yet entirely lapsed.

Chikube-ni Kamui is also in attendance to fight any malicious demon.

After a round or two, specially decorated arrows with harmless points are shot at the god, probably to slay or dismay evil spirits.

Then the bear is tied to the *tushok-ni* while a bowman, selected late lest evil overtake him, prays for quick and easy dispatch by his real arrow.

The Dying God

Thus Sir James Frazer in his great work, "The Golden Bough", entitles the ancient and world-wide rite. The god must die or, rather, be freed from the flesh, because its spirit is "precious" to mankind. Better to die young before the spirit be "tainted" by disease or the weakness of old age. In this instance, a shot or two by a bamboo-pointed arrow is considered a proper way to free the spirit from the body. The sacred blood should not touch the soil. But pure snow does not contaminate it.

An *ekashi* prays for the welfare of the parting spirit.

The god is dead! Long live the god!

The greeting to the god on vacating the now lifeless body is tinged with sadness. In some districts there is still some ritual lamentation, as was usual in ancient Europe and western Asia upon the similar death of the god—Tammuz, Pan, or Adonis—perhaps incarnated in a boar. But the Ainu firmly believe the soul to be immortal. The resurrection of the god is the motive for the *Kamui Iomande*—divine dispatch.

The passing spirit is signalled by the flight of magic arrows over the Great *Nusa*. These are eagerly raced for by Ainu boys.

Ritual imitation of strangling

In other lands it was customary to avoid shedding blood of a god or person of royal lineage by strangling the victim. The Ainu also killed the bear by strangling between two poles, or a thick post and a pole. This may still be seen; but when the arrow is used, a ritual imitation of strangling is performed in compliance with ancient custom.

Many effete rites have ended as games, and this one is seen passing into burlesque. It would be wrong to take this buffoonery as proof of callous unconcern. Rather is it the switching of pathos to farce, as the pressure of steam whistles through an escape valve.

The *Ram Nusa* of *Shiramba Kamui*
Spirit Rendez-vous of Ainu World Deity

Being a female the body is now decked with a necklace more befitting than wooden bars, while the spirit is gratified by *ongami* salutations, compliments, assurance and libations.

Then skinning and dividing the body proceed according to strict rules of traditional ritual.

Mimicry of the *Shinot*

Behind this frivolity the student of ancient religions sees the magic representation of the god as if still alive, as if the spirit is immortal. In other times and places, actions of bears and other animals were mimicked after death.

Chupusu Inau—emblem of regeneration—dipped in the precious blood is raised up on the *tushok-ni*, a symbol of life, like the red berries of the holly, which signified rebirth or revival of the sun at the winter solstice.

The *Maratto*
Feast

PLAN OF THE MARATTO—FEAST

Panorama of the feast

Near the sacred East window is the head of the bear with the lingering soul as chief guest of the feast. Food is set in front of the god, thus acquiring virtue for the benefit of all who partake of it.

The double row of men face to face is called *ueshopki*, meaning mutually set.

Distributing the "sacred flesh"

The wine-master, who sits beside the head of the god and opposite the large vessel of liquor, is a responsible official who gets a goodly portion, which he presents to the god with gratitude for the gift.

Ordinary guests receive small pieces, reverently taken in both hands, doing *ongami*.

Feasting

Elders and others jovially mellowed by spirits imbibed do a turn of step-dancing.

The usual form of male dancing is called *tapkara*, literally, doing taps.

Women more lively in the "light fantastic", but with spirits less artificial—since they drink but little—join in gaily. Noteworthy is the wife of the host—a kind and usually sedate lady of sixty-eight, dancing like a girl of twenty "to make things go". If male sobriety is more honoured in the breach than the observance, no discord mars the proceedings.

Dancing, singing and recital of legends go on till morning.

Some good folk condemn the Ainu for drinking the blood of the bear, but think nothing of eating "underdone" beef, or swallowing living oysters, blood, bowels and all. Without compunction, they devour the chicken that came trustingly to be fed, and got its neck wrung instead. Blood and liver sausages are taken with relish and benefit by people of the highest culture. European patients still drink animal blood and eat raw liver as potent remedies. Even human blood is daily poured into the veins of the weak and bloodless. The Ainu drink with faith the blood of the bear, calling it *Kamui kusuri* or divine medicine. Faith in medicine enhances its virtue, and may cure even when the stuff is inert.

The Chinese character for blood 血 was anciently depicted as 𧚄
—blood in a chalice.

Ancient history and folk-lore refer to this rite. Perhaps because flesh and blood of the god were scarce, bread and wine were substituted long before the Christian era. A lofty religion has sublimated and idealized the <u>motive</u>.

But there is nothing disreputable or degrading in this native survival. "Comparisons are odious" to ignorant and prejudiced minds, but welcome to those whom "the truth shall make free".

Thanksgiving At The *Ram Nusa*

Cushioned on the skin, with body removed, the head of the bear is believed to still attract the lingering spirit. Thankful *ongami* with praise and libations are offered, while the sacred fire burns at the soul rendez-vous of *Shiramba Kamui*.

Here are placed the empty cups of blood, so that residual spirit influence or magic power may fade away, or absorbed. This notion of spirit influence persisting as a kind of residual magnetism, still survives throughout mankind.

Here it may be noted that etiquette forbids one who receives the cup just filled to drink it. He makes the gesture of *ongami* and passes it to his vis-à-vis.

The *Shinurappa*
Ancestral Offering

The ceremony of offering to the dead is the only religious rite in which women, as well as men, take part. Ancestral spirits are addressed with offerings of drink and the lees or sediment of fermented grain from the brewing. In their stone age, the Ainu paid more attention to ancestor worship than now.

Throwing confetti

Millet balls, about the size of walnuts, are thrown and scrambled for, as were pieces of flesh and cakes in ancient European carnivals. Such things bring luck by intimate association with the god.

Tug of war once a magic rite

School children in the game of tug of war have no idea that this was a serious affair long ago, a sort of divination in many lands.

Mimetic Dancing

Jumping about is a natural way of venting emotion; but many old dances came from pantomime or masquerade. Most dances in the backward culture imitate actions as closely as do those of famous performers in our cities.

The Ainu have forgotten the original intention of their dances. Perhaps the whale dance was an invitation to come ashore and be useful. Possibly the rat dance was the reverse.

The crane dance was a sun ritual in ancient Greece. But totemic dancing—concerned with kinship emblems—should be kept in mind.

On with the dance! Let joy be unconfined!

Two chiefs view the dancing

Dances by women are called *rimse*, though men sometimes take part. This dancing round the *tushok-ni* recalls the Maypole dances in "Merry England".

The ceremonial sword is used also against evil spirits. But here are only gleeful spirits. With the good gods assembled as auspicious guests, there is no room for fear.

Dawn
The *Keomande*
Final Departure

With the dawn, the hour arrives when the god must leave them who fed and cared for it so long. Take[n] out by the sacred window, the head is brought once more to the *ram nusa*, where the fire is burning.

Offerings and prayers are made to the Ainu World Deity, then to spirit of the bear.

Thanks and libations are also given to the sylvan deity whose proper name it is imprudent to pronounce in public.

The head, with sacred *inau* curls in place of brain, eyes, ears and tongue, is fixed to a forked pole and decked with the felicitous *shirikura inau*.

At this last stage of its familiar sojourn it is besought to return. For the boon of its secred [sacred] flesh and blood it will receive the same good food and kind care as heretofore, with a joyful festival in its honour and liberal gifts on parting.

Ritual dance to delight the parting spirit

This *tapkara* of the elders is doubtless an ancient dance, sanctioned by custom as good in the sight of the god. Without formal litany, words of praise and cheer are feelingly recited.

Does not the spirit within the Ainu breast hear an echo of its hope in this farewell ceremony of the *Kamui Iomande*?

This dance is no gesture of finality. It is meant for au revoir, not without the hope of many happy returns.

Felicitous snow falls veiling the footsteps of the god on the way to join the spirit ancestors in their mountain home.

So say the Ainu

The End

引用・主要参考文献

アイヌ文化振興・研究推進機構（編集・発行）　2002 年『海を渡ったアイヌの工芸―英国人
　　医師マンローのコレクションから―』

青木祐介・伊藤泉美　2006 年「N.G. マンロー、横浜での足跡をめぐって」『開港のひろば』91

泉靖一　1951 年「沙流アイヌの地縁集団における IWOR」『民族學研究』16（3、4）

内田順子　2009 年「平成 17 年度国立歴史民俗博物館　民俗研究映像『AINU Past and Present
　　―マンローのフィルムから見えてくるもの』：映画フイルムの資料批判的研究に関連す
　　る研究ノート」『国立歴史民俗博物館研究報告』150

内田順子　2011 年「国立歴史民俗博物館所蔵の『北海道沙流川アイヌ風俗写真』」『国立歴
　　史民俗博物館研究報告』168

内田順子編　2011 年『国立歴史民俗博物館研究報告』（168、特集：マンローコレクション研究
　　―写真・映画・文書を中心に―）

岡田一男　2011 年「ニール・ゴードン・マンローの 1930 年代アイヌ民俗誌映画への取り組み
　　ウウェポタラ（悪霊払い）の記録を中心に」『国立歴史民俗博物館研究報告』168

萱野茂　1978 年『アイヌの民具』アイヌの民具刊行運動委員会

萱野茂　2002 年『萱野茂のアイヌ語辞典（増補版）』三省堂

萱野茂　2003 年『五つの心臓を持った神―アイヌの神作りと送り―』小峰書店

クライナー、ヨーゼフ　1993 年「西洋のアイヌ観の形成―ヨーロッパにおけるアイヌ民族文
　　化の研究とアイヌ関係コレクションの歴史について―」『アイヌの工芸』東京国立博物館

桑原千代子　1983 年『わがマンロー伝―ある英人医師・アイヌ研究家の生涯』新宿書房

小谷凱宣編　2004 年『海外のアイヌ文化財：現状と歴史』南山大学人類学研究所

小柳伸顕　2007、2011、2012、2014～2016 年「アイヌ民族と 2 人の英国人（1）～（6）」『桃
　　山学院大学キリスト教論集』43、46、47、49～51

田村すず子　1996 年（1998 年再販）『アイヌ語沙流方言辞典』草風館

手塚薫　2002 年「縄文土器からアイヌ文化へ」『海を渡ったアイヌの工芸―英国人医師マン
　　ローのコレクションから―』財団法人アイヌ文化振興・研究推進機構

出村文理編集・発行　2006 年『ニール・ゴードン・マンロー博士書誌―帰化英国人医師・
　　人類学研究者―』

出利葉浩司　2002 年「マンローコレクションについて」『海を渡ったアイヌの工芸―英国人
　　医師マンローのコレクションから―』財団法人アイヌ文化振興・研究推進機構

出利葉浩司　2002 年「近世末期におけるアイヌの毛皮獣狩猟活動について：毛皮交易の視
　　点から」『国立民族学博物館調査報告』34

二風谷部落誌編纂委員会編　1983年『二風谷』二風谷自治会

平取町立二風谷アイヌ文化博物館編　2003年『北海道二風谷及び周辺地域のアイヌ生活用具コレクション（国指定重要有形民俗文化財 調査報告書）』平取教育委員会

本田優子　2002年「近世北海道におけるアットゥシの産物化と流通」北海道立アイヌ民族文化研究センター『研究紀要』8

本田優子　2005年「近世北海道におけるアットゥシ着用の様相」北海道立アイヌ民族文化研究センター『研究紀要』11

森岡健治　2011年「『アイヌ写真帳』の比較」『国立歴史民俗博物館研究報告』168

山内明久　1998年『対訳　ワーズワス詩集』岩波書店

横浜市歴史博物館編　2013年『N.G.マンローと日本考古学—横浜を掘った英国人学者』

吉原秀喜　2011年「マンロー関係資料研究・活用上の地域的諸課題」『国立歴史民俗博物館研究報告』168

Ohlsen, Birgit (edit) 1994 "Ainu Material Culture from the Notes of N.G. Munro in the Archive of the Royal Anthropological Institute", *Occasional Paper,* vol.96, British Museum.

Munro, N. G. 1908（初版）、1911（再版）『Prehistoric Japan』（1982年、第一書房）

Neil Gordon Munro, 1962, *AINU Creed and Cult,* Routledge & Kegan Paul（小松哲郎訳　2002年『アイヌの信仰とその儀式』国書刊行会）

映　　像

歴博研究映像「AINU Past and Present —マンローのフィルムから見えてくるもの—」（2006年、監督：内田順子・鈴木由紀、制作：内田順子・岡田一男、撮影：谷口常也、製作・著作：国立歴史民俗博物館、製作協力：東京シネマ新社）

共同研究等

歴博共同研究「民俗研究映像の資料論的研究」（代表：内田順子、2004～2006年度）

歴博共同研究「マンローコレクション研究：館蔵の写真資料を中心に」（代表：内田順子、2006～2008年度）

人間文化研究機構連携研究「アイヌ文化の図像表象に関する比較研究—『夷酋列像図』とマンローコレクションのデジタルコンテンツ化の試み—」（代表：佐々木史郎、マンロー班総括：内田順子、2006～2008年度）

科学研究費「欧米の人類学映画・写真に見えるアイヌ文化のイメージについての研究」（代表：内田順子、2006～2008年度）

掲載写真目録

映画資料

第1章全体、第2〜3章扉、第4章の一部	「イヨマンテ」、35㎜、ポジフィルム、5巻

写真資料

	キャプション	資料番号	大きさ(cm)	支持体の材質
カバー	クマの魂を送る儀式「イヨマンテ」で踊る人びとと、撮影するカメラマン	F-387-2-11-33	8.1×10.7	ガラス
はじめに	マンローとアイヌの男性(1930年頃)	F-387-2-1-362	8.2×10.7	ガラス
第2章	アットゥシの様子	F-387-2-3-122	8.2×10.7	ガラス
	アットゥシの道具	F-387-2-3-126	10.7×8.2	ガラス
	樹皮を背追う女性(左)と糸撚りする女性(右)	F-387-2-1-331	8.2×10.7	ガラス
	トマ(ござ)編み	F-387-2-3-128	8.2×10.7	ガラス
	イナウソ(文様入りのござ)(上)、オキタルンペ(文様入りの大きいござ)(下)	F-387-2-3-134	8.0×12.0	ガラス
	オニカプンチタㇻペ(半分に文様が入ったござ)	F-387-2-3-135	8.0×12.0	ガラス
	アットゥシアミㇷ゚(左)とカパラミㇷ゚(右)の前面	F-387-2-12-198	8.2×10.7	ガラス
	アットゥシアミㇷ゚(左)とカパラミㇷ゚(右)の背面	F-387-2-12-199	8.2×10.7	ガラス
	チカㇻカㇻペの前面	F-387-2-12-200	8.2×10.7	ガラス
	チカㇻカㇻペの背面	F-387-2-12-201	8.2×10.7	ガラス
	子どもを背負う様子	F-387-2-3-142	8.0×10.8	ガラス
	子どもを背負う用途に用いられる縄	F-387-2-12-210	10.7×8.2	ガラス
	薪を運ぶ様子	F-387-2-3-143	8.2×10.8	ガラス
	タシロ(山刀)の柄	F-387-2-1-341	8.2×10.7	ガラス
	タシロ(山刀)(左)とマキリ(小刀)(右)	F-387-2-12-213	10.7×8.2	ガラス
	キケウシパスイ(上)とイクパスイ(下)	F-387-2-12-214	7.5×11.9	ガラス
	クアリ(仕掛け弓)	F-387-2-12-207	8.2×10.7	ガラス
	ホイヌアㇷ゚ペの模型	F-387-2-12-208	8.2×10.7	ガラス
	エヤミカの模型	F-387-2-12-209	16.4×11.9	ガラス
	チㇷ゚(丸木舟)とアイヌの男性	F-387-2-3-145	8.2×12.0	ガラス
	イタオマチㇷ゚(板付け舟)の模型	F-387-2-12-217	11.9×16.4	ガラス
第3章	チセノミ(新築祝い)の一場面	F-387-2-5-76	8.2×10.8	ニトロセルロース
	チセノミ(新築祝い)の一場面	F-387-2-5-79	8.2×10.8	ニトロセルロース
	チセ(家)	F-387-2-15-218	11.9×16.4	ガラス

	プ（倉庫）とチセ（家）	F-387-2-15-221	8.2×10.7	ガラス
	さまざまな漆器	F-387-2-12-386	16.4×11.9	ガラス
	病気の原因となる霊を判断する	F-387-2-10-55	8.2×10.8	ニトロセルロース
	川岸での祈り	F-387-2-7-66	8.2×10.8	ニトロセルロース
	事故などがあったときの儀式か？	F-387-2-10-64	8.0×12.0	ガラス
	イタドリの茎で作られた舟	F-387-2-1-348	10.7×8.1	ガラス
	ワラで作られた舟	F-387-2-1-342	8.2×10.7	ガラス
	ペヌッカムイ（イケマの神）	F-387-2-1-338	8.2×10.7	ガラス
	ペヌッカムイ（イケマの神）を送るための祈り	F-387-2-5-82	8.2×10.7	ガラス
	葬儀の際、死者が身につける衣装など	F-387-2-9-111	11.9×8.1	ガラス
	オッカヨクワ（男性用の墓標）	F-387-2-9-114	10.7×8.2	ガラス
	メノコクワ（女性用の墓標）	F-387-2-9-117	10.7×8.2	ガラス
第4章	イヨマンテで、祭壇越しに矢を放つ場面	F-387-2-11-19	8.1×10.7	ガラス
	マンローの協力者であるシランペノ、アンレトゥ夫妻	F-387-2-1-334	8.1×11.1	ニトロセルロース
	イヨマンテ撮影のために作られたチセ	F-387-2-15-220	8.2×10.7	ガラス
資料扉	イヨマンテで、クマの魂を送る最後の儀式ケオマンテを撮影するカメラマン	F-387-2-11-49	8.2×11.0	ニトロセルロース

あ と が き

　歴博が所蔵するマンローの映画と写真資料のコピーを携えて、初めて二風谷を訪問したのは 2004 年 12 月だった。萱野茂・貝澤耕一両氏を訪ね、それらを見ていただいた。これまでに見たことのないものも含まれているので、調査が必要だ、という意見をいただき、映画と写真の調査を開始した。

　その研究成果は、歴博の研究映像「AINU Past and Present ―マンローのフィルムから見えてくるもの―」（2006 年）にまとめたが、そこから発展したのが、日本・イギリスに所在するマンロー関係の映画・写真のデジタル化のプロジェクトだった。マンローによる映画・写真・文書をデジタル化して比較研究をおこない、その成果を『国立歴史民俗博物館研究報告』（168、2011 年）においてまとめたが、その後、映画のデジタルデータの高精細化をどこまでおこなった上で公開してゆくかなど、技術的な課題の検討に時間を要し、公開と活用が遅れているのは、すべて私の至らなさによるもので、本書を進めるのと並行して、成果公開を準備している。

　マンローの映画・写真についての研究プロジェクトを進めるにあたり、もっとも重要だったことは、アイヌ民族の人権に配慮して研究資源を公開・活用していくことであり、歴博所蔵の資料の調査に基づいて、公開基準を検討・作成した。本書を刊行することができるのも、2004 年以来、このプロジェクトを一緒に推進してくれたかたがたの尽力のおかげである。ここにプロジェクトのメンバーのお名前を記し、感謝の意を示したい。

［日　　本］　岡田一男、貝澤耕一、貝澤徹、萱野志朗、手塚薫、出利葉浩司、
　　　　　　　森岡健治、山岸俊紀、吉原秀喜、宮田公佳、城石梨奈
［イギリス］　Arek Bentkowski, Hilary Callan, Sue Donnelly, Susanne Hammacher,
　　　　　　　Henrietta Lidchi, Sarah Walpole, Jane Wilkinson

　また、プロジェクトの直接的なメンバーでなかったにも関わらず、調査への協力のほか、プロジェクトへの助言を惜しまずしてくださった、萱野茂氏、

出村文理氏、佐々木利和氏、佐々木史郎氏、加藤克氏、Tom Bogdanowicz 氏、若松由理香氏、そして、ひとりひとりお名前をあげることはできないが、映画や写真の調査に協力してくださった沙流川地域の住民のみなさん、マンローの関係者に、心から御礼申し上げたい。

　最後になったが、本書を企画・編集してくださった吉川弘文館の石津輝真氏、板橋奈緒子氏、文選工房の佐藤康太氏に深く感謝の意を表したい。

　　令和2年1月

内 田 順 子

編者略歴

1997年　総合研究大学院大学文化科学研究科国際日本研究専攻博士後期
課程修了，博士（学術）
現在　国立歴史民俗博物館教授

〔主要業績〕
映像作品「AINU Past and Present─マンローのフィルムから見えてく
るもの」（監督：内田順子・鈴木由紀，制作：内田順子・岡田一男，製
作：国立歴史民俗博物館，2006年）
「写真・映画の資料化に伴う諸問題─マンローコレクションを対象に」
（『国立歴史民俗博物館研究報告』168，2011年）
「映像の共有と諸権利─国立歴史民俗博物館における民俗研究を目的と
した映像制作を事例として」（『社会学評論』65（4），2015年）

映し出されたアイヌ文化
英国人医師マンローの伝えた映像

2020年（令和2）3月10日　第1刷発行
2021年（令和3）8月1日　第2刷発行

監修者　国立歴史民俗博物館
こくりつれきし みんぞくはくぶつかん

編　者　内田順子
うち だ じゅん こ

発行者　吉川道郎

発行所　株式会社　吉川弘文館
〒113-0033 東京都文京区本郷7丁目2番8号
電話 03-3813-9151〈代〉
振替口座 00100-5-244
http://www.yoshikawa-k.co.jp/

組版＝文選工房
印刷＝亜細亜印刷株式会社
製本＝ナショナル製本協同組合
装幀＝黒瀬章夫

モノから見たアイヌ文化史

関根達人著 　　　　　　　　　　　　A 5 判・202頁／1900円

アイヌの刀はなぜ切れなくてもよいのか。彼らはどうして交易に貨幣を使わなかったのか―。平安時代の和鏡から軍服用の米国製金ボタンにいたる「モノ資料」を取り上げ、文字を持たなかったアイヌ文化の歴史に迫る。

アイヌ語の世界〈新装普及版〉

田村すゞ子著 　　　　　　　　　　　A 5 判・290頁／3500円

日本の言語の一つとして広く知られながら、具体的な内容はよく知られていないアイヌ語。その文法・系統・口承文学をわかりやすく解説。金田一京助らアイヌ語研究者の思い出も収める。不朽の名著を装い新たに復刊。

アイヌの道 （街道の日本史）

佐々木利和・古原敏弘・児島恭子編 　　　四六判・276頁／2600円

北海道・樺太・千島列島に居住し、独特の言語と文化を育んだアイヌ。河川を交通路とし、山を越え他の川筋へ縦横に移動した歴史を、十勝・石狩川流域などの内陸の道や、太平洋・日本海・オホーツク沿岸の道とともに探る。

（表示価格は税別） 　　　　　　　　　　　　　　吉川弘文館